# Rund ums Erzählen

## Kopiervorlagen für den Deutschunterricht

Herausgegeben von
Ute Fenske

Erarbeitet von
Petra Bowien,
Sinje Bowien,
Benedikt Engels,
Christian Rühle,
Christoph Schappert
und Elke Wellmann

Cornelsen

Redaktion: Dirk Held, Ottobrunn
Bildrecherche: Angelika Wagener

Illustration: Petra Ballhorn, Berlin; Henriette von Bodecker, Berlin; Sylvia Graupner, Annaberg
Umschlagfoto: © opolja – Fotolia.com
Umschlaggestaltung: Ungermeyer grafische Angelegenheiten, Berlin
Technische Umsetzung: FKW, Berlin

**www.cornelsen.de**

Dieses Werk berücksichtigt die Regeln der reformierten Rechtschreibung
und Zeichensetzung. Bei den mit [R] gekennzeichneten Texten
haben die Rechteinhaber einer Anpassung widersprochen.

Die Links zu externen Webseiten Dritter, die in diesem Lehrwerk angegeben sind,
wurden vor Drucklegung sorgfältig auf ihre Aktualität geprüft. Der Verlag übernimmt
keine Gewähr für die Aktualität und den Inhalt dieser Seiten oder solcher, die mit ihnen
verlinkt sind.

1. Auflage, 1. Druck 2013

Alle Drucke dieser Auflage sind inhaltlich unverändert
und können im Unterricht nebeneinander verwendet werden.



Druck: H. Heenemann, Berlin

ISBN 978-3-464-61228-6

Inhalt gedruckt auf säurefreiem Papier aus nachhaltiger Forstwirtschaft.

# Inhaltsverzeichnis

## Inhaltsverzeichnis

# Vorwort und methodische Hinweise

Erzählen zu können, ist eine Eigenschaft, die den Menschen auszeichnet. Erlebtes, Erdachtes und Erträumtes wird von Kindheit an erzählt. Erzählt wird, um Erlebnisse oder Geschichten anderen mitzuteilen, um andere teilhaben zu lassen und in diesem Kommunikationsprozess das Erzählte auch selbst noch einmal zu erleben oder zu verarbeiten.

Im Deutschunterricht hat das Erzählen schon immer einen hohen Stellenwert. Dies beginnt schon in der Primarstufe, wo die natürliche Lust am Erzählen bei Kindern genutzt wird, um ihre sozial-kommunikativen Fähigkeiten zu fördern: Das Erzählen von eigenen Erlebnissen oder ausgedachten Geschichten ermöglicht zahlreiche Identifikationsmöglichkeiten. Das mit zunehmendem Alter ausgeprägte Interesse, die Zuhörer zu interessieren und zu begeistern, führt oft fast wie von selbst zu immer besseren sprachlichen Ausdrücken und dem Ausprobieren erzähltechnischer Möglichkeiten. Die beim mündlichen Erzählen vorhandene Motivation wird aber auch genutzt, um die Schreibkompetenzen auszubilden. In den weiterführenden Schulen werden die Schülerinnen und Schüler auch stärker in das Schreiben nach bestimmten Normorientierungen eingeführt. Über die Analyse und die Produktion von Erzähltexten bekommen die Schülerinnen und Schüler Einblicke in die Bauformen des Erzählens.

Das Heft ***Rund ums Erzählen*** vermittelt zahlreiche Facetten des Erzählens. Mal steht der Adressatenbezug im Vordergrund, mal geht es eher um die Einsicht in den Aufbau von Erzähltexten oder um die Arbeit mit textsortenspezifischen Merkmalen. Die Kopiervorlagen sind so konzipiert, dass sie von den Schülerinnen und Schülern selbstständig bearbeitet werden können. Dabei werden unterschiedliche Methoden angewandt, oft führen analytische Aufgabenstellungen zu produktionsorientierten Schreibhandlungen. Die Arbeitsblätter sind jeweils einzeln einsetzbar, können aber auch zu Unterrichtsreihen zusammengestellt werden. So könnte eine Reihe zum Beispiel mit einer Reflexion darüber beginnen, was eine Geschichte überhaupt spannend, interessant oder lustig macht. Die kommunikativen Aspekte des Erzählens können besonders berücksichtigt werden, wenn – wie vorgeschlagen – eine Klassengeschichte erzählt wird oder gezeigt wird, was schon der erste Satz einer Erzählung in einem Leser auszulösen vermag. Für die Einführung in das Erzählsystem liegen Arbeitsblätter auf unterschiedlichen Lernniveaus und mit Texten von unterschiedlichen Schwierigkeitsgraden vor (von „Käpt'n Blaubär“ bis hin zu Texten von Brecht). Der gesamte Erzählprozess von der Ideensammlung bis zur Überarbeitung, von der Erstellung eines Erzählplans bis hin zum eigentlichen Erzählen wird schrittweise unterstützt. Elemente des Erzählsystems wie Erzähler, Erzählperspektive, äußere und innere Handlung werden an Beispielen vorgestellt und für den eigenen Schreibprozess genutzt. Vielfältige Erzählanlässe für das freie Erzählen oder das Erzählen nach Vorgaben werden durch Text- oder Bildimpulse oder Textbeispiele geboten. Teile einer Erzählung werden gesondert geübt: So können die Schülerinnen und Schüler bestimmte Teile von Geschichten ergänzen (Rahmenhandlung, Mittelteil). Es wird aufgezeigt, wie die eigene Geschichte durch eine genaue Figurendarstellung, das Einfügen von Spannungselementen (z.B. durch das Cliffhanger-Spiel) oder das Einbauen von Gefühlsausdrücken verbessert werden kann. Gerade das Cliffhanger-Spiel, das Erzählen mit Märchenkarten, das Erzählen nach einem Comic oder der Versuch, den Figuren in einem Zille-Bild Leben einzuhauchen, zeigen aber auch deutlich, dass es neben der Vermittlung von Lerninhalten in ***Rund ums Erzählen*** immer auch darum geht, die Lust am Erzählen zu wecken oder zu wahren.

# Mit Erzählbausteinen schreiben

**Am Ende zeigt sich der Erfolg oder der Misserfolg der Hauptfigur.**

**Ein Problem oder mehrere Probleme tauchen auf und führen dazu,**

**1**

**Ausgangssituation**
- Ort, Zeit usw.

**dass die Hauptfigur in einem oder mehreren Anläufen (= Ereigniskette) versucht, diese zu lösen.**

**Aufgaben**

1. In vielen Geschichten kann man die oben abgebildeten Erzählbausteine finden. Bringe sie in die richtige Reihenfolge, indem du sie nummerierst.

2. Ordne die Erzählbausteine der Geschichte von der Kuh Gloria zu. Schreibe die Ziffern aus Aufgabe 1 neben die passenden Textabschnitte.

*Paul Maar*

**Die Geschichte von der Kuh Gloria**

**Erzählbausteine**

Die Kuh Gloria war schon als Kind dicker als alle anderen Kühe. Und das steigerte sich noch, je älter sie wurde. Ihre Lippen waren fleischig, ihre Nase breit, der Kopf war riesig wie ein Kürbis, das heißt, eigentlich noch größer, und dazu hatte sie sehr starke Beine, einen dicken Bauch, grobe, borstige Haare und plumpe Füße.

Weil es keine Kleider in ihrer Größe zu kaufen gab, musste sie alles selber nähen, und das tat sie ohne guten Geschmack und ohne großes Geschick. Darum sah sie auch in ihren handgeschneiderten Kleidern noch massiger aus, als sie in Wirklichkeit schon war.

Sie hatte einen Gang wie ein Trampeltier, und wenn sie sprach, klang es, als ob man in ein leeres Regenfass brüllte.

Diese Kuh dachte nicht daran, bescheiden zu sein wie alle anderen Kühe ihres Jahrgangs und eine gute Milchkuh zu werden. Nein, sie war ehrgeizig und wollte etwas Höheres!

Irgendein Spaßvogel, ich nehme an, es war der Fuchs, hatte ihr gesagt, sie habe so eine schöne Stimme, sie solle sich doch als Sängerin ausbilden lassen. Und da sie einen reichen Vater hatte, der alles bezahlte, nahm sie Musikstunden und gab dann auch ein Konzert.

Alle Kühe kamen, um Gloria singen zu hören. Sie sang zuerst das Lied vom Veilchen am Wegesrand, und das war auch zugleich das letzte Lied, das sie bei





*Fortsetzung auf Seite 7*

*Fortsetzung von Seite 6*


ihrem Konzert sang. Denn wenn ihre Stimme beim Reden klang, als käme sie aus der Regentonne, so klang sie beim Singen, als wenn zwei Elefanten mit dem Rüssel in eine Gießkanne trompeten, während eine Säge gleichzeitig dünnes Blech zerschneidet.

Die Zuhörer hielten sich die Ohren zu, pfiffen, schrien und trampelten, um den fürchterlichen Gesang nicht hören zu müssen, oder rannten scharenweise von der Wiese, wo das Konzert stattfand.

Die Kuh Gloria hörte auf zu singen und begann zu weinen.

Alle Kühe dachten: Jetzt wird sie eine brave Milchkuh werden! Aber nein – sie nahm Tanzstunden und wollte nun ihr Glück als Tänzerin versuchen!

Als sie zum ersten Mal vor den anderen Kühen tanzte, waren noch mehr gekommen, um Gloria zu sehen, als vorher zu ihrem Konzert.

Sie kam auf die Bühne in einem Tanzröckchen, so groß, dass man daraus bequem sieben Tischtücher hätte machen können, stolperte schon beim ersten Schritt und fiel über ihre eigenen Füße.

Die Zuschauerkühe lachten, aber Gloria ließ sich nicht beirren und machte einen Tanzsprung. Dabei brachen die Bühnenbretter unter ihrem Gewicht, und sie sank bis an die Arme ein.

Die Zuschauer lachten wieder, aber fünf starke Ochsen stiegen auf die Bühne und halfen ihr aus dem Loch, worauf sie weitertanzte. Allerdings tanzte sie zu nahe an den Bühnenrand, verlor das Gleichgewicht und stürzte von der Bühne direkt auf die Musiker, die im Orchesterraum saßen und zu ihrem Tanz aufspielten.

Als sie sich mühsam wieder erhob, war die Bassgeige zerbrochen, die Trompete flach gedrückt, das Trommelfell zerplatzt, die Handharmonika war entzweigerissen, und den Dirigentenstock hatte der Musikdirektor vor Schreck verschluckt.

Man kann sich denken, wie die Zuschauer lachten, als die Tänzerin hinter dem Vorhang verschwand.

Daraufhin wanderte die Kuh Gloria, die sich sehr schämte, ins Nilpferdland aus, zu den dicken Nilpferden. Dort tanzte sie vor den plumpen Tieren und sang dazu ihre Lieder.

Und am nächsten Tag las man in der Nilpferdzeitung:

„Die Künstlerin Gloria, ein zartes, zerbrechliches Persönchen, gab gestern Abend ein Konzert und tanzte dazu. Noch nie hat man hier so eine reine und helle Stimme bewundern dürfen, noch nie hat man so schönen Gesang gehört. Dazu tanzte oder besser gesagt: schwebte die Künstlerin wie eine Elfe über die Bühne, und alle unsere Nilpferdmädchen im Saal waren hingerissen von ihrer Leichtigkeit. Hoffentlich tanzt und singt die Künstlerin Gloria noch oft bei uns im Nilpferdland!“

*Maar, Paul: Die Geschichte von der Kuh Gloria. In: Ders.: Der tätowierte Hund. Friederich Oetinger Verlag, Hamburg 2002.*





*Fortsetzung auf Seite 8*

*Fortsetzung von Seite 7*



**Aufgabe**

3. Denke dir selbst Erzählbausteine für eine Geschichte aus und schreibe die Geschichte anschließend in dein Heft.

**Ende (Erfolg oder Misserfolg)**

**Ausgangssituation**

**Lösung (Ereigniskette)**

**Problem oder Probleme**

# Erzählanfänge verstehen und schreiben

*Am Anfang einer Erzählung kann der Erzähler durch verschiedene Tricks versuchen, das Interesse des Lesers zu wecken. Einige dieser Tricks kannst du hier kennen lernen.*

**Aufgaben**

1. Lies die linke und die rechte Tabellenspalte durch. Verbinde dann die zusammengehörenden Kästchen mit Pfeilen.

| *Ein Erzähler kann das Interesse des Lesers wecken, ...* |
|---|
| indem er vollkommen Unmögliches erzählt. |
| indem er sich selbst als besonders interessant darstellt. |
| indem er die Glaubwürdigkeit der Geschichte beteuert. |
| indem er übertreibt. Er kann etwas vergrößern oder auch verkleinern. |
| indem er das Erzählte als erfunden darstellt oder offen lässt, ob es nicht doch wahr ist. |
| indem er einen Kontrast zwischen Titel und Anfang herstellt. |

| *Anfänge von Geschichten, die Schülerinnen und Schüler einer 6. Klasse geschrieben haben* |
|---|
| **Der erstaunliche Schneemann**<br>Ich möchte zuerst erklären, dass diese Geschichte wahr ist und nichts als wahr. Natürlich habe ich mir anfangs auch die Augen gerieben und gedacht, ich träume. |
| **Eine Lügengeschichte**<br>Ich werde euch eine unglaubliche Lügengeschichte erzählen. Jedenfalls denkt man das zuerst. Aber vielleicht ist sie doch wahr. Entscheidet selber! |
| **Die Fahrt zum Mond**<br>Es war einmal ein Mädchen namens Lisa, das beim Preisausschreiben eine Mondfahrt samt der dazugehörigen Rakete gewonnen hatte. Durch einen dummen Zufall startete die Rakete jedoch ohne Kapitän und Besatzung, als Lisa gerade die Schlafzimmer in der Rakete besichtigte. Alleine sauste Lisa durchs Weltall. |
| **Ein heißer Tag**<br>Es war Winter und ich hatte gerade meine Badesachen gepackt, um zum Strandbad aufzubrechen. |
| **Überall Riesen**<br>Zwerge sind Riesen! Jedenfalls für mich und meine Leute. Wir sind weniger als halb so groß. Vielleicht 10 cm groß, wenn wir jeden Tag ordentlich essen. Dass das stimmt und nicht gelogen ist, kannst du ganz einfach daran erkennen, dass ich selber auch nur 9 cm groß bin. |
| **Felix, der Pirat**<br>Mein Name ist Felix, beim Klabautermann. Ich bin ein gefürchteter Pirat und mein Schiff ist der größte Wal, den man je auf den sieben Meeren gesichtet hat. |

2. In welchen Anfängen findest du zusätzlich folgende „Tricks" des Erzählers?

der Erzähler stellt sich vor / der Erzähler spricht den Leser an / der Erzähler verwendet einen Anfang, der auch in anderen Texten vorkommt / der Erzähler kündigt an, dass er etwas erzählen wird

3. Schreibe eigene Erzählanfänge, die geeignet sind, das Interesse des Lesers zu wecken. Kombiniere dabei unterschiedliche Erzählertricks. Schreibe in dein Heft.

# Den ersten Satz formulieren

*Im Jahre 2007 wurde von der „Initiative Deutsche Sprache“ und der „Stiftung Lesen“ ein Wettbewerb ausgeschrieben. Die Teilnehmer sollten ihren schönsten ersten Satz begründend vorstellen. Er durfte aus allen in deutscher Sprache verfassten Romanen, Erzählungen und Balladen, auch aus Kinder- und Jugendliteratur stammen. In der Einleitung zum Wettbewerb wird die Bedeutung des ersten Satzes wie folgt beschrieben: „Ein guter erster Satz entscheidet oftmals schon darüber, ob wir uns […] in ein Buch verlieben, ob wir berührt werden und uns voller Neugier auf das Versprechen einer guten Geschichte einlassen.“*

**Aufgabe**

1. Die Sätze auf den Seiten 10 und 11 wurden als schönster erster Satz vorgeschlagen. Notiere hinter jedem Satz jeweils in Stichworten:
   - Was erfährst du über den Text? (= A)
   - Was erwartest du von dem Text?(= B)
   - Wie spannend wird es? (= C).
     Vergebe die entsprechende Anzahl Gespenster und begründe deine Entscheidung.

„Um zwei Uhr einer schönen Junimondnacht ging ein Kater längs des Dachfensters und schaute in den Mond.“ *(Adalbert Stifter: Der Condor)*

A: ______________________________

______________________________

B: ______________________________

______________________________

C:  ______________________________

______________________________

______________________________

______________________________

„Wer reitet so spät durch Nacht und Wind?“ *(Johann Wolfgang Goethe: Erlkönig)*

A: ______________________________

______________________________

B: ______________________________

______________________________

C: 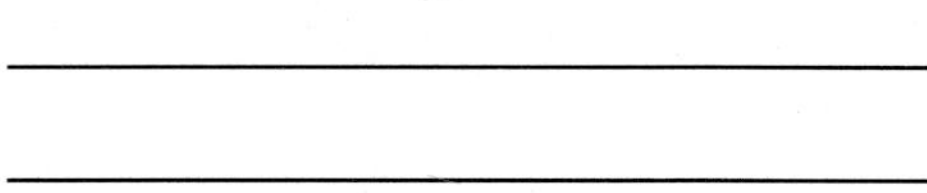 ______________________________

______________________________

______________________________

______________________________





*Fortsetzung auf Seite 11*

## Den ersten Satz formulieren

„An den Ufern der Havel lebte, um die Mitte des sechzehnten Jahrhunderts, ein Rosshändler namens Michael Kohlhaas, Sohn eines Schulmeisters, einer der rechtschaffensten zugleich und entsetzlichsten Menschen seiner Zeit.“ *(Heinrich von Kleist: Michael Kohlhaas)*

A: ______________________________

B: ______________________________

C: ______________________________

**Aufgaben**

2. Denke dir für einen Liebesroman, einen Fantasyroman und einen Kriminalroman einen ersten Satz aus. Begründe jeweils, warum du deinen Satz für besonders gelungen hältst.

**Liebesroman**

Erster Satz: ______________________________

Begründung: ______________________________

**Fantasyroman**

Erster Satz: ______________________________

Begründung: ______________________________

**Kriminalroman**

Erster Satz: ______________________________

Begründung: ______________________________

3. Tauscht eure Sätze untereinander aus. Beurteilt die Sätze, indem ihr die entsprechende Anzahl Gespenster ankreuzt.

# Der Ich-Erzähler

*Walter Moers*
**Käpt'n Blaubär**

Ein Blaubär hat siebenundzwanzig Leben. Dreizehneinhalb davon werde ich in diesem Buch preisgeben, über die anderen werde ich schweigen. Ein Bär muss seine dunklen Seiten haben, das macht ihn attraktiv und mysteriös.

Man fragt mich oft, wie es früher war. Dann antworte ich: Früher gab es von allem viel mehr. Ja, es gab Inseln, geheimnisvolle Königreiche und ganze Kontinente, die heute verschwunden sind – überspült von den Wellen, versunken im ewigen Ozean. Denn die Meere steigen immer höher, sehr langsam, aber unerbittlich, bis eines Tages unser ganzer Planet von Wasser bedeckt sein wird – nicht umsonst steht mein Haus auf einer hohen Klippe, und nicht umsonst ist es ein immer noch seetüchtiges Schiff. Von diesen Inseln und Ländern will ich erzählen, und von den Wesen und Wundern, die mit ihnen versunken sind.

Ich müsste lügen (und es ist ja hinlänglich bekannt, dass das nicht meiner Natur entspricht), wenn ich behaupten würde, meine ersten dreizehneinhalb Leben wären ereignislos verlaufen. Ich sage nur: Zwergpiraten. Klabautergeister. Waldspinnenhexen. Tratschwellen. Stollentrolle. Finsterbergmaden. [...]

Denke ich an diese Zeiten zurück, übermannt mich die Wehmut. Aber die Uhr des Lebens lässt sich nicht zurückdrehen. Das ist bedauerlich, aber gerecht.

So folgt jetzt, wie es sich gehört, der Winter auf den Herbst. Die Sonne, kalt wie der Mond, sinkt in den eisgrauen Ozean, und der Wind riecht nach Schnee. Da ist auch noch ein anderer Geruch in der Luft, der Geruch von Feuern, die in der Ferne brennen, mit einem Hauch Zimt darin – so riecht das Abenteuer! Früher bin ich diesem Geruch immer gefolgt, aber heute habe ich Wichtigeres zu tun: Meine Lebenserinnerungen müssen der Nachwelt erhalten werden. [...]

Meine erste Erinnerung ist, dass ich in rauer See trieb, nackt und allein in einer Walnussschale, denn ich war ursprünglich sehr, sehr klein. Ich erinnere mich weiterhin an ein Geräusch. Es war ein sehr großes Geräusch. Wenn man noch so klein ist, neigt man dazu, die Dinge zu überschätzen, aber heute weiß ich, dass es tatsächlich das größte Geräusch der Welt war. [...]

*Moers, Walter: Die 13 ½ Leben des Käpt'n Blaubär. Eichborn Verlag, Frankfurt a. M. 2010.*

**Ich-Erzähler**

Ein **Ich-Erzähler** erzählt in der Ich-Form. Dabei erscheint er auf zweifache Weise: einmal als **erlebendes Ich,** das in die erzählte Geschichte verstrickt ist, und zum anderen als **erzählendes Ich.** Zwischen diesen beiden Ich-Aspekten kann ein großer oder kleiner Abstand bestehen, je nachdem, ob der Ich-Erzähler unmittelbar aus der erlebten Situation heraus erzählt oder von einem späteren Zeitpunkt aus darauf zurückblickt.




Fortsetzung auf Seite 13

# Der Ich-Erzähler

**Aufgaben**

1. Ordne die beiden folgenden Sätze richtig zu.

| | |
|---|---|
| Satz 1: Trotz meiner Winterjacke fror ich jämmerlich. | Kleiner Abstand zwischen erzählendem und erlebendem Ich |
| Satz 2: Damals, im kalten Winter 1713, fror ich trotz meiner Winterjacke jämmerlich. | Größerer Abstand zwischen erzählendem und erlebendem Ich |

2. Ist der Abstand zwischen erzählendem und erlebendem Ich in dem Textauszug auf Seite 12 eher klein oder eher groß? Begründe deine Meinung.

______________________________

______________________________

______________________________

______________________________

3. Markiere eine Textstelle, in der der Abstand zwischen erzählendem oder erlebendem Ich sich verkleinert.

4. Charakterisiere den Erzähler. Welche Eigenschaften hat er?

______________________________

______________________________

______________________________

______________________________

______________________________

5. Denke dir Eigenschaften für den Erzähler einer eigenen Geschichte aus. Folgende Satzanfänge können dir dabei helfen:
   - Mein Erzähler ist ein ______________________________
   - Er lebt in ______________________________
   - Sein Alter ist ______________________________
   - Der zeitliche Abstand zum Erzählten beträgt ______________________________
   - Mein Erzähler besitzt folgende Eigenschaften: ______________________________

     ______________________________

6. Schreibe den Anfang deiner Geschichte in dein Heft. Der Ich-Erzähler sollte als erzählendes und erlebendes Ich erscheinen.

# Von der direkten in die indirekte Rede – Figurenrede I

*Ein Autor hat verschiedene Möglichkeiten, seine Figuren reden zu lassen. Eine davon ist die indirekte Rede. Dabei gibt eine Figur die Aussagen und Gedanken einer anderen Figur wieder. Um zu verdeutlichen, dass es sich um fremde Aussagen und Gedanken handelt, wird klargemacht, wer spricht/denkt/fragt und der Konjunktiv I verwendet.*

**Aufgaben**

1. Der folgende Text steht in der direkten Rede. Schreibe ihn ab und übertrage dabei die schräg gedruckten Passagen in die indirekte Rede. Beginne so:

   Britta fragte leise, wie lange das Konzert noch dauere ...

   **Tipp:** Lies dir die Regeln zur Bildung des Konjunktivs unten auf dieser Seite durch.

   Britta fragte leise: „*Wie lange dauert das Konzert denn noch?*“ Sie kramte in ihrer Handtasche und schimpfte leise vor sich hin: „*Ich halte das nicht mehr aus. Ich muss meine Uhr finden.*“ Dann stöhnte sie laut: „*Es ist Viertel vor neun? Dann geht das ja noch über eine Stunde so weiter.*“ Von hinten zischte jemand: „*Ruhe bitte!*“ „*Warum sagen Sie das nicht denen da vorne?*“, meckerte Britta zurück. Unsere ganze Reihe musste lachen.

2. Vergleiche den Text in der indirekten Rede nun mit dem Original aus Aufgabe 1. Beschreibe in deinem Heft, wie sich die Wirkung des Textes verändert.

**Drei Regeln zur Konjunktivbildung**

1. Der Konjunktiv I wird vom Präsens Indikativ gebildet:
   *er geht → er gehe*

2. Manchmal ist der Konjunktiv I vom Präsens Indikativ nicht zu unterscheiden. Dann nimmt man den Konjunktiv II, der vom Präteritum Indikativ gebildet wird:
   *ich gehe = ich gehe → ich ginge (von: ich ging)*

3. Es kann auch vorkommen, dass der Konjunktiv II und das Präteritum Indikativ gleich sind. Dann wählt man die Ersatzform „würde“.
   *wir gehen = wir gehen und wir gingen = wir gingen → wir würden gehen*

# Innerer Monolog und erlebte Rede – Figurenrede II

*Ein Autor hat verschiedene Möglichkeiten, seine Figuren reden zu lassen. Zwei davon sind der innere Monolog und die erlebte Rede.*

**Aufgaben**

1. Verwendet der folgenden Text den inneren Monolog oder die erlebte Rede?
   Begründe deine Entscheidung mit Hilfe des Merkkastens. Schreibe in dein Heft.

> Der **innere Monolog** gibt Gedanken und Gefühle in 1. Person (Ich-Form) wieder.
> Die **erlebte Rede** gibt ebenfalls Gedanken und Gefühle wieder, aber in der 3. Person (Er-/Sie-Form).

*Wolf Wondratschek*
**Mittagspause**

Sie sitzt im Straßencafe. Sie schlägt sofort die Beine übereinander. Sie hat wenig Zeit.

Sie blättert in einem Modejournal. Die Eltern wissen, dass sie schön ist. Sie sehen es nicht gern.

Zum Beispiel. Sie hat Freunde. Trotzdem sagt sie nicht, das ist mein bester Freund, wenn sie zu Hause einen Freund vorstellt.

Zum Beispiel. Die Männer lachen und schauen herüber und stellen sich ihr Gesicht ohne Sonnenbrille vor.

Das Straßencafe ist überfüllt. Sie weiß genau, was sie will. Auch am Nebentisch sitzt ein Mädchen mit Beinen.

Sie hasst Lippenstift. Sie bestellt einen Kaffee. Manchmal denkt sie an Filme und denkt an Liebesfilme. Alles muss schnell gehen.

Freitags reicht die Zeit, um einen Cognac zum Kaffee zu bestellen. Aber freitags regnet es oft.

Mit einer Sonnenbrille ist es einfacher, nicht rot zu werden. Mit Zigaretten wäre es noch einfacher. Sie bedauert, dass sie keine Lungenzüge kann.

Die Mittagspause ist ein Spielzeug. Wenn sie nicht angesprochen wird, stellt sie sich vor, wie es wäre, wenn sie ein Mann ansprechen würde. Sie würde lachen. Sie würde eine ausweichende Antwort geben. Vielleicht würde sie sagen, dass der Stuhl neben ihr besetzt sei. Gestern wurde sie angesprochen. Gestern war der Stuhl frei. Gestern war sie froh, dass in der Mittagspause alles sehr schnell geht.

Beim Abendessen sprechen die Eltern davon, dass sie einmal jung waren. Vater sagt, er meine es nur gut. Mutter sagt sogar, sie habe eigentlich Angst. Sie antwortet, die Mittagspause ist ungefährlich.

Sie hat mittlerweile gelernt, sich nicht zu entscheiden. Sie ist ein Mädchen wie andere Mädchen. Sie beantwortet eine Frage mit einer Frage.

Obwohl sie regelmäßig im Straßencafé sitzt, ist die Mittagspause anstrengender als Briefeschreiben. Sie wird von allen Seiten beobachtet. Sie spürt sofort, dass sie Hände hat.

Der Rock ist nicht zu übersehen. Hauptsache, sie ist pünktlich.

Im Straßencafé gibt es keine Betrunkenen. Sie spielt mit der Handtasche. Sie kauft jetzt keine Zeitung.

Es ist schön, dass in jeder Mittagspause eine Katastrophe passieren könnte. Sie könnte sich sehr verspäten. Sie könnte sich sehr verlieben. Wenn keine Bedienung kommt, geht sie hinein und bezahlt den Kaffee an der Theke.

An der Schreibmaschine hat sie viel Zeit, an Katastrophen zu denken. Katastrophe ist ihr Lieblingswort. Ohne das Lieblingswort wäre die Mittagspause langweilig.

*Wondratschek, Wolf: Mittagspause.
In: Ders.: Früher begann der Tag mit einer Schusswunde, Carl Hanser Verlag, München 1969, S. 52–53.*

2. Übertrage den Text in die andere Art der Redewiedergabe. Arbeite in deinem Heft.

3. Vergleiche deinen Text mit dem Original. Beschreibe genau, wie sich die Wirkung des Textes ändert.




Fortsetzung auf Seite 16

*Fortsetzung von Seite 15*


**Im Konzert**

Wie lange wird denn das noch dauern? Ich muss auf die Uhr schauen … gehört sich wahrscheinlich nicht in einem so ernsten Konzert. Aber wer sieht es denn? Wenn es einer sieht, so passt er gerade genauso wenig auf wie ich, und vor dem brauche ich mich nicht zu schämen … Erst viertel vor neun? … Mir kommt es so vor, als würde ich schon drei Stunden in diesem Konzert sitzen. Was ist es denn eigentlich? Ich muss das Programm anschauen … Ja richtig: Oratorium? Ich dachte: Messe.

**Aufgaben**

4. Welches der drei Bilder passt am besten zur Art der Redewiedergabe in dem oben abgedruckten Text? Begründe deine Wahl in deinem Heft.

5. Notiere, um welche Art der Redewiedergabe es sich handelt. Schreibe in eine der Sprechblasen oder in die Gedankenblase.

6. Übertrage den Text in die erlebte Rede (vergleiche Seite 15). Schreibe in dein Heft.

7. Vergleiche deinen Text mit dem Original. Beschreibe genau, wie sich die Wirkung des Textes ändert.

# Einen Text mit Emotionen „einfärben“

**Aufgaben**

1. Sieh dir die beiden Gesichter an. Welche Emotion würdet du ihnen zuordnen?

2. Wissenschaftler gehen davon aus, dass es nur die folgenden Grundemotionen gibt: Freude, Wut, Ekel, Furcht, Verachtung, Traurigkeit und Überraschung. Manche nennen auch noch Neugier und Scham. Zeige deinen Mitschülern mimisch, wie dein Gesicht bei den genannten Emotionen aussieht.

3. Diskutiert in der Klasse darüber, welche Emotion ihr warum am leichtesten darstellen könnt.

4. Wähle eine der genannten Grundemotionen (Aufgabe 2) und formuliere zu ihr einen kurzen Text, der dieser Grundemotion entspricht. Du kannst aus den angebotenen Erzählkernen wählen oder ganz selbstständig arbeiten.
   **Tipps:**
   - Der Inhalt deines Textes sollte zur gewählten Emotion passen.
   - Du solltest die Möglichkeiten der Sprache nutzen: Bilder, Ausrufe, direkte Rede usw.
   - Die Grundemotion sollte die ganze Geschichte erfüllen und nicht nur an einer Stelle auftreten.

**Erzählkerne**

Ein Busfahrer glaubt, auf der Straße einen Bär zu sehen.

Du kannst nicht schlafen, weil draußen die Katzen schreien und irgendetwas im Wohnzimmer knackt.

Auf dem Tisch liegt ein Paket. Du weißt nicht von wem und auch nicht, was drin ist.

Du hast Hunger, aber die Salami im Kühlschrank sah schon mal besser aus.

Dein Freund kriegt in der Schule Ärger.
Du kannst diese Ungerechtigkeit nicht ertragen.

# Rahmenhandlungen erfinden

**Aufgaben**

1. Lies die beiden folgenden Beispiele für Rahmenhandlungen.

*Giovanni Boccaccio*
**Dekameron**

Sieben junge Mädchen und drei Männer fliehen vor der Pest, die 1348 in Florenz wütet, in ein Landhaus. Um sich die Zeit zu vertreiben, erzählen sie sich Geschichten. Dabei gibt der König oder die Königin des Tages ein Thema vor, zu dem sich jeder etwas ausdenken muss. Nach zehn Tagen und 100 Geschichten kehrt die Gruppe nach Florenz zurück.

*Boccaccio, Giovanni: Dekameron.*
*S. Fischer Verlag, Frankfurt a. M., 2012.*

*Wilhelm Hauff*
**Märchenalmanach auf das Jahr 1828**

Zwei Handwerker, ein Student und ein Fuhrmann treffen sich in einem Wirtshaus im Spessart. Sie haben gehört, dass es im Wald Räuberbanden gibt, und fühlen sich auch im Gasthaus nicht ganz sicher. Sie beschließen daher, wach zu bleiben, um nicht im Schlaf von den Räubern überrascht zu werden. Um ihre Müdigkeit zu bekämpfen, erzählen sie sich Geschichten.

*Hauff, Wilhelm: Märchenalmanach aus dem Jahr 1828.*
*Aus: gutenberg.spiegel.de*

2. Erkläre anhand der Beispiele aus Aufgabe 1, was eine Rahmenhandlung ist.





*Fortsetzung auf Seite 19*

*Fortsetzung von Seite 18*



**Aufgaben**

3. Fülle die Tabelle aus.
   a) Fülle die ersten beiden Spalten für die beiden Beispiele aus Aufgabe 1 aus. Notiere in der rechten Tabellenspalte Stichworte.
   b) Finde weitere Textsammlungen mit einer Rahmenhandlung und trage sie in die Tabelle ein. **Tipp:** Ihr könnt auch gemeinsam in der Klasse nach weiteren Beispielen suchen.

| Autor | Titel | Rahmenhandlung/Grund für das Erzählen |
|---|---|---|
| | | |
| | | |
| | | |
| | | |
| | | |
| | | |

4. Denke dir selbst eine Situation aus, in der die Figuren sich gegenseitig Geschichten erzählen. Beschreibe die Rahmenhandlung nach dem Vorbild von Aufgabe 1 in wenigen Sätzen.

# Auf die Figuren kommt es an

*Ob eine Geschichte gerne gelesen wird, hängt nicht zuletzt von den Figuren ab. Sie müssen stimmig sein.*

*Wolf Haas*
**Auferstehung der Toten**

Seit über einer Stunde sitzt er schon an seinem Zimmertischchen, wie er auf einmal bemerkt, dass er noch keine Zeile geschrieben hat. Weil er ist mit seinen Gedanken ja völlig woanders gewesen. Das war seine alte Krankheit, dass er sich nicht konzentrieren kann. Äußerlich hat der Brenner ja einen furchtbar ruhigen Eindruck gemacht. Da gibt es so einen Film, wo der Mönch sagt, also so ein indischer, ein Buddhist, der sagt: Wenn ich gehe, dann gehe ich, und wenn ich stehe, dann stehe ich. Und so einen Eindruck hat man vom Brenner gehabt, wenn man ihn wo gehen oder stehen gesehen hat oder sitzen von mir aus. Rein äußerlich.
Und da hat man ihn schon gut kennen müssen, dass man gewusst hat, wie nervös der die ganze Zeit gewesen ist. Und konzentrieren, sagen wir, auf das Wesentliche, das ist überhaupt nicht dem seine Stärke gewesen. Der Nemec, der hat das schon am ersten Tag erkannt und dem Brenner unter die Nase gerieben:
„Konzentrieren geht über studieren, Brenner!"
Weil das ist dem Nemec seine Antwort gewesen, wie der Brenner bei ihm angesucht hat, ob er an einer Schulung teilnehmen darf. Vielleicht ist es auch nicht gescheit gewesen, dass man gleich am ersten Tag, wo man einen neuen Chef hat, wegen einer Schulung ansucht, weil immerhin zwei Tage Dienstabwesenheit. Daran hat der Brenner jetzt denken müssen, wie er bemerkt hat, dass er noch kein einziges Wort geschrieben hat, obwohl er schon seit einer Stunde den Tisch anstarrt.
So ein kleiner filigraner Tisch, also, wenn du den nur angeschaut hast, hat er schon gezittert. Und normalerweise kann man sich nicht vorstellen, dass man den für mehr verwendet als zum Anschauen. Aber dem Brenner, dem ist so was egal gewesen. Der hat seit einem halben Jahr da Woche für Woche seinen Bericht getippt. Dabei ist dem sein Großvater in Puntigam Schreiner gewesen. Bei dem hätte so etwas nicht Tisch geheißen. Der Brenner hat noch zwei Kästen gehabt, die sein Großvater gebaut hat. Schöne, schlanke Nussholzkästchen, die sind schon in der Wohnung von seinen Eltern gestanden, wie er auf die Welt gekommen ist.
Und seit dem Tod seiner Eltern hat der Brenner sie eben in seiner Wohnung. Weil Geschwister hat er keine, und in seine Buwog-Wohnung haben sie gut hineingepasst. Also Bundesangestelltenwohnung, da wohnen nur Bundesangestellte, günstige Miete, ja, was glaubst du.

*Haas, Wolf: Auferstehung der Toten.*
*Rowohlt Verlag, Reinbek bei Hamburg 2000.*

*Sten Nadolny*
**Die Entdeckung der Langsamkeit**

John Franklin war schon zehn Jahre alt und noch immer so langsam, daß er keinen Ball fangen konnte. Er hielt für die anderen die Schnur. Vom tiefsten Ast des Baums reichte sie herüber bis in seine emporgestreckte Hand. Er hielt sie so gut wie der Baum, er senkte den Arm nicht vor dem Ende des Spiels. Als Schnurhalter war er geeignet wie kein anderes Kind in Spilsby oder sogar in Lincolnshire. Aus dem Fenster des Rathauses sah der Schreiber herüber. Sein Blick schien anerkennend.
Vielleicht war in ganz England keiner, der eine Stunde und länger nur stehen und eine Schnur halten konnte. Er stand so ruhig wie ein Grabkreuz, ragte wie ein Denkmal. „Wie eine Vogelscheuche!" sagte Tom Barker.
Dem Spiel konnte John nicht folgen, also nicht Schiedsrichter sein. Er sah nicht genau, wann der Ball die Erde berührte. Er wußte nicht, ob es wirklich der Ball war, was gerade einer fing, oder ob der, bei dem er landete, ihn fing oder nur die Hände hinhielt. Er beobachtete Tom Barker. Wie ging denn das Fangen? Wenn Tom den Ball längst nicht mehr hatte, wußte John: das Entscheidende hatte er wieder nicht gesehen. Fangen, das würde nie einer besser können als Tom, der sah alles in einer Sekunde und bewegte sich ganz ohne Stocken, fehlerlos.
Jetzt hatte John eine Schliere im Auge. Blickte er zum Kamin des Hotels, dann saß sie in dessen oberstem Fenster. Stellte er den Blick aufs Fensterkreuz ein, dann rutschte sie herunter auf das Hotelschild.

R

*Nadolny, Sten: Die Entdeckung der Langsamkeit.*
*Piper Verlag, München 1983.*




*Fortsetzung auf Seite 21*

# Auf die Figuren kommt es an

**Aufgaben**

1. Lies die beiden Texte genau durch. Benenne dann in einem Adjektiv jeweils die auffälligste Eigenschaft der Figuren.

   Brenner: ____________________ Franklin: ____________________

2. Notiere, mit welchen sprachlichen Mitteln die Haupteigenschaften Brenners und Franklins jeweils herausgearbeitet werden. Achtet dabei auf die Wortwahl, den Satzbau und die Inhalte, die erzählt werden.

   Brenner: ____________________

   Franklin: ____________________

3. Wähle eine der beiden Figuren aus und führe den entsprechenden Textausschnitt noch über fünf Sätze fort.

4. Formuliere selber einen Text mit einer Figur, deren hervorstechende Eigenschaft zum Beispiel Faulheit, Langeweile, Aggressivität usw. ist. Arbeite in deinem Heft.

# Schatzsuche im Urwald – das Cliffhanger-Spiel

*Die Kapitel einer Geschichte enden oft absichtlich spannend, damit die Leser weiter und immer weiter lesen wollen. Diese Technik nennt man „Cliffhanger“, auf Deutsch: Klippenhänger. Wie ein Kletterer auf einer gefährlichen Tour hängen der Held oder die Heldin in der Luft und man hofft, dass sie sich retten werden. Mit diesem Cliffhanger-Effekt arbeitet auch unser Erzählspiel.*

**Spieler:**
Bei diesem Spiel spielen immer gleich große Gruppen gegeneinander. Also einer gegen einen, zwei gegen zwei usw. Je größer ihr die Gruppen jedoch macht, desto weniger könnt ihr selbst erzählen. Für jedes Spiel braucht ihr außerdem einen unparteiischen Schiedsrichter.

**Vorbereitung:**
- Ihr benötigt eine Spielfigur für jedes Team und einen Würfel. Habt ihr keinen Würfel zur Hand, könnt ihr auch die Kanten eines sechseckigen Stiftes mit den Zahlen 1 bis 6 beschriften und diesen rollen.
- Kopiert den Spielplan auf den Seiten 24 und 25 und klebt ihn auf festen Karton.
  **Tipp:** Schneidet überschüssige weiße Papierränder weg, sodass der Spielplan richtig zusammenpasst.
- Schneidet die Ausrüstungskarten auf Seite 23 aus und legt sie offen neben den Spielplan.
- Schneidet die Cliffhanger-Karten auf Seite 26 aus und legt sie verdeckt auf das vorgesehene Feld auf dem Spielplan.

**Verlauf des Spiels**

**Die Ausrüstungskarten:** Eure Gruppe (oder euer Held / eure Heldin) ist gerade im Basiscamp am Rande des Urwalds ausgesetzt worden. Der Weg zum Schatz ist euch bekannt, aber er ist sehr gefährlich. Im Basiscamp könnt ihr verschiedene hilfreiche Gegenstände mit auf euren Weg zur Schatzsuche nehmen. Wählt drei verschiedene aus. Wollen beide Gruppen die gleichen Gegenstände, wird darum geknobelt oder eine Münze geworfen.
Die übrigen Ausrüstungskarten mischt und stapelt ihr und legt sie verdeckt neben das Basiscamp.

**Die Cliffhanger-Karten:** Der jüngste Spieler würfelt zuerst und zieht mit seiner Figur entsprechend viele Felder weit. Kommt er auf ein Feld, das mit „Cliffhanger“ bezeichnet ist, steht ihm eine lebensgefährliche Situation bevor, aus der er sich nur durch einfallsreiches Erzählen retten kann.
Der Ablauf ist wie folgt:
- Ein Spieler oder ein Team kommt auf ein Cliffhanger-Feld.
- Er zieht / sie ziehen eine Karte vom Cliffhanger-Stapel.
- Auf der Karte ist der letzte, spannende Satz eines Kapitels zu lesen.
- Der Spieler / das Team erzählt nach kurzer Bedenkzeit, wie er/sie aus dieser gefährlichen Situation wieder herauskommt/herauskommen. Dabei muss einer der drei Ausrüstungsgegenstände verwendet werden.
- Gelingt dem Spieler/dem Team eine solche Erzählung, rückt er / rücken sie ein Feld vor und ist/sind in Sicherheit. Der Spieler / das Team zieht eine neue Ausrüstungskarte.
- Gelingt die Erzählung nicht, rutscht er / rutscht das Team sechs Felder zurück und muss den Weg von dort aus fortsetzen.
- Ob eine Erzählung gelungen ist, entscheidet der Schiedsrichter. Er kann zum Beispiel überprüfen, ob
  … gar keiner der Ausrüstungsgegenstände vorkam.
  … die Idee zur Rettung sehr unglaubwürdig ist.
  … die Idee zur Rettung schon einmal verwendet wurde.
  … die Idee zur Rettung viel zu einfach und langweilig ist.
  Könnt ihr euch gar nicht einigen, entscheidet die Lehrerin/der Lehrer.
- Das Spiel endet, wenn ein Spieler / ein Team das Schatz-Feld auf dem Spielplan genau erreicht hat.




Fortsetzung auf Seite 23

*Fortsetzung von Seite 22*



**Ausrüstungskarten:**

| | | |
|---|---|---|
| Seil | Spaten | Axt |
| Leiter | Wasser | Dynamit |
| Streichhölzer | Schwimmweste | Insektenschutz |
| Taschenlampe | Angel | Bumerang |
| Messer | Kochbuch | Glas mit Deckel |
| Maßband | Bohrer | Plastikfolie |
| Goldstück | Stift | Pflaster |
| Schere | Kekse | Mausefalle |
| Fingerfarbe | Fernglas | Regenschirm |
| Seife | Spiegel | Netz |





*Fortsetzung auf Seite 24*

Fortsetzung von Seite 23


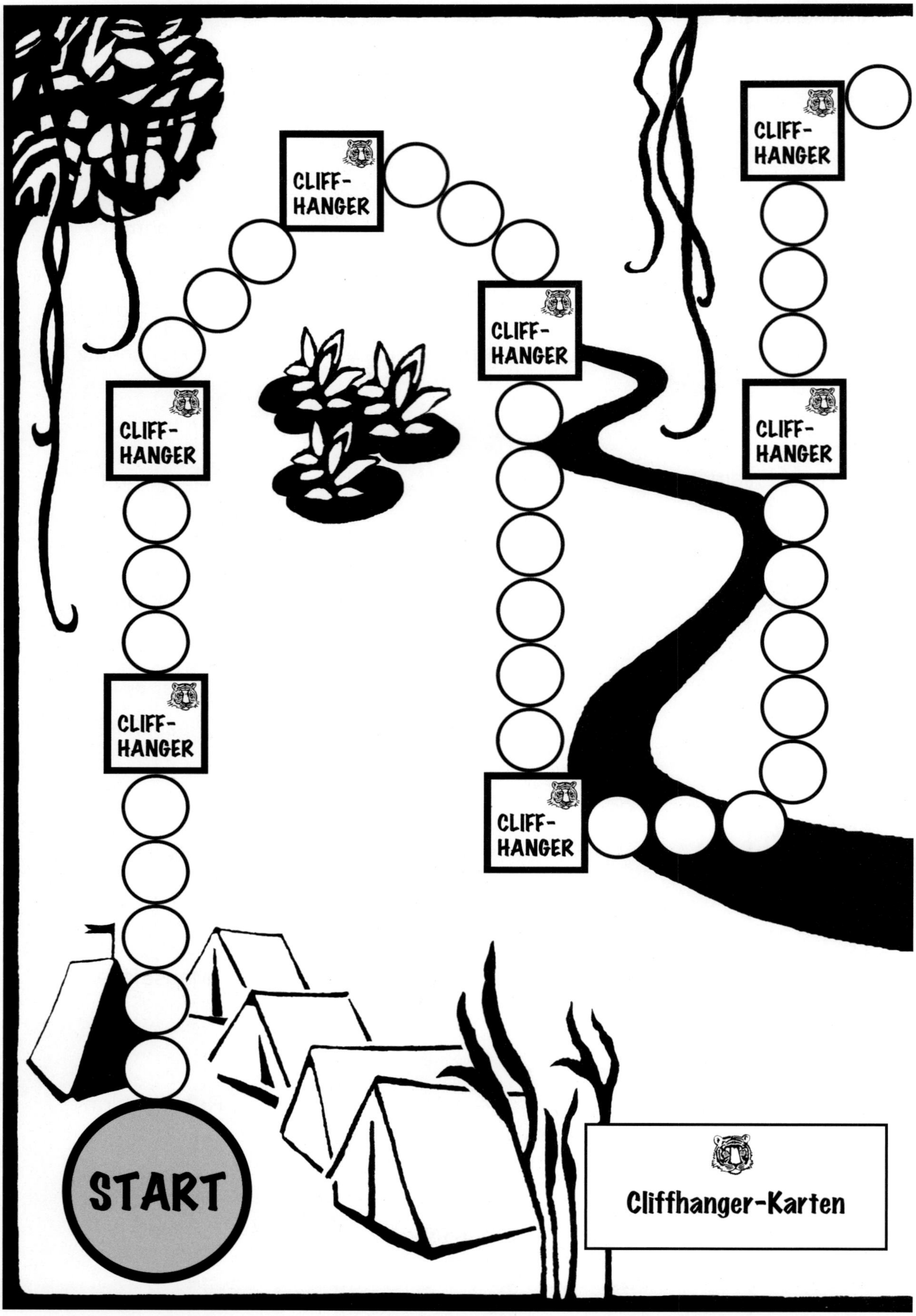





Fortsetzung auf Seite 25

# Schatzsuche im Urwald – das Cliffhanger-Spiel

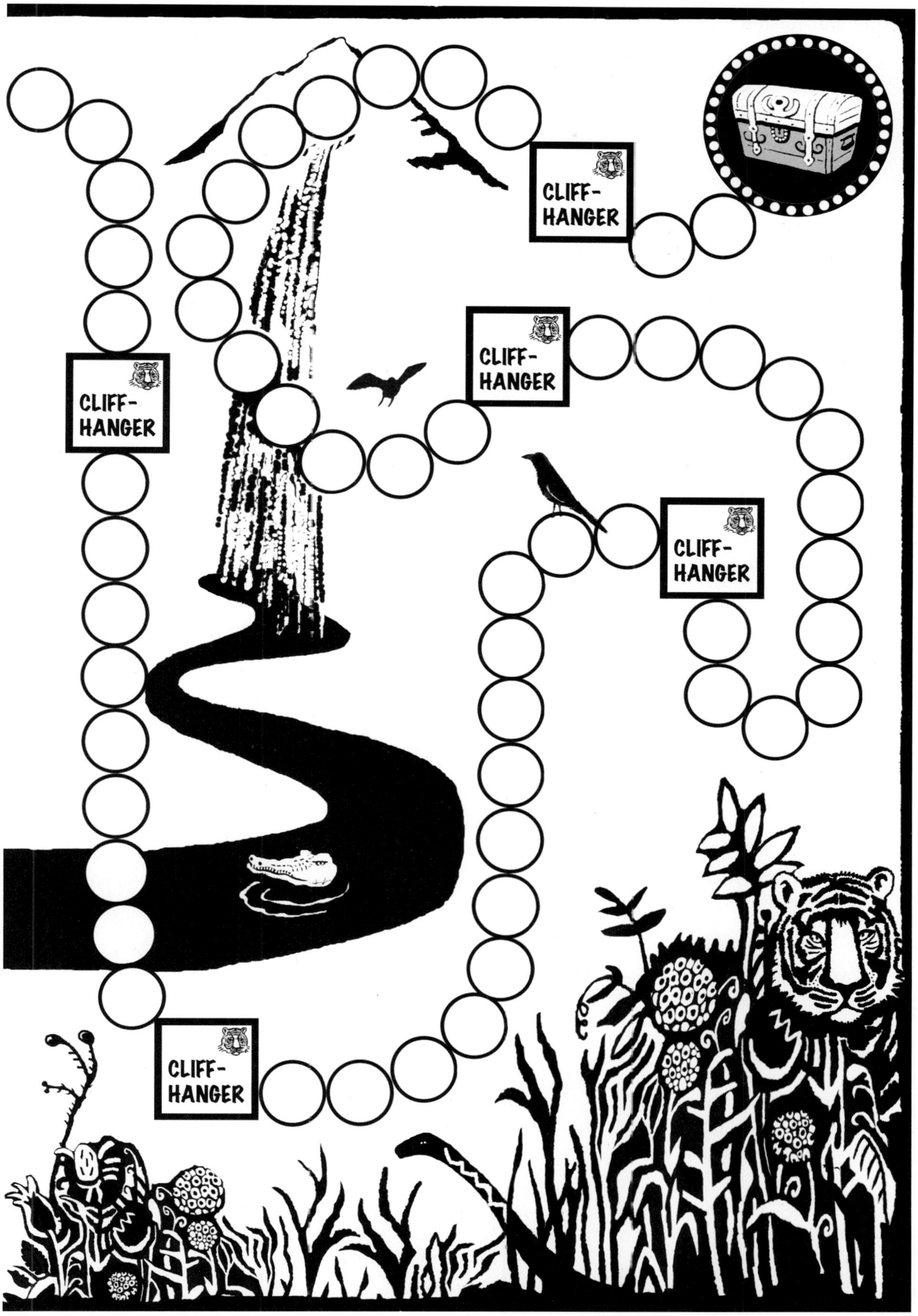






*Fortsetzung auf Seite 26*

**Cliffhanger-Karten:**

| | | |
|---|---|---|
| … als ein Krokodil sich unserem Boot näherte. | … doch plötzlich wurde mir grauenhaft schlecht. | … da tippte mir jemand kräftig auf die Schulter. |
| … erst jetzt entdeckte ich, dass wir unsere Karte verloren hatten. | … an einem Bein hatte mich der ausgelegte Strick nach oben gezogen. | … vor uns leuchtete in der völligen Dunkelheit ein Feuer auf. |
| … langsam sanken wir in den Treibsand ein. | … ein Pfeil kam aus dem Nichts und bohrte sich in meine Schulter. | … das, was ich für eine Liane gehalten hatte, entpuppte sich als Riesenschlange. |
| … nur hatte der Regen die einzige Brücke fortgespült. | … nun saß ich gefesselt im Zelt des Häuptlings. | … der Fels gab nach und ich fiel rückwärts in ein Geheimversteck. |
| … die Luft wurde in der Höhle langsam knapp. | … und ohne mich wehren zu können, schlief ich einfach ein. | … ich musste etwas vorführen, was die Eingeborenen beeindrucken würde. |
| … meine Leute teilten mir mit, dass sie nun zurückgehen würden. | … plötzlich konnte ich nichts mehr sehen. | … es war klar, dass wir einen weiteren Tag ohne Wasser nicht überleben würden. |
| … er konnte einfach nicht mehr weiter. Was sollten wir tun? | … wir waren also offensichtlich die letzten zwei Stunden im Kreis gegangen. | … der Tiger setzte zum Sprung an. |
| … vorne ging unser Fluss in einen tosenden Wasserfall über. | … Termiten hatten unseren ganzen Proviant angefressen. | … mit seinem Stock streifte er im Vorübergehen ein Hornissennest. |
| … das war zu viel und wütend forderte er mich mit gezogenem Messer zum Duell. | … die glatte Felswand konnten wir unmöglich erklimmen. | … wir stürzten in die Grube und die glitschigen Ränder ließen uns nicht zum Rand gelangen. |
| … drei Minuten blieben uns noch, ihre Aufgabe zu erfüllen. | … damit wussten wir nicht, in welcher Richtung Süden lag. | … mit dem Geröll purzelte ich unweigerlich auf den Abgrund zu. |

# Eine Klassengeschichte erzählen

*Könnt ihr euch vorstellen, eine Geschichte mit der ganzen Klasse zu erzählen? Hier könnt ihr es ausprobieren.*

„Daraus hätte leicht ein Flächenbrand werden können", sagte der Feuerwehrmann.

Alles Nötige für das Camping der drei Freunde war gepackt.

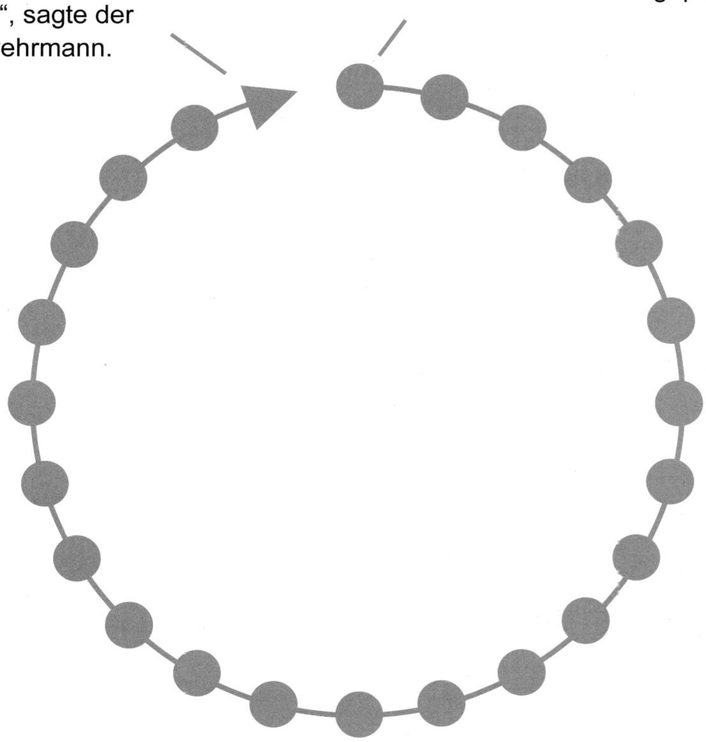

**Ablauf:**
- In dem oben abgebildeten Schema ist ein Kreis von Personen dargestellt, die gemeinsam eine Geschichte erzählen. Der erste und der letzte Satz der Geschichte sind vorgegeben.
- Der Erste im Kreis spricht den ersten Satz. Der Zweite erfindet einen weiteren passenden Satz für die Geschichte usw. Die Geschichte endet bei der letzten Person im Kreis mit dem vorgegebenen letzten Satz.
- Macht weitere Vorschläge für erste und letzte Sätze und erzählt weitere Klassengeschichten.

**Eure mündliche Erzählung verbessern**
- **Sprache:** Achtet darauf, dass ihr eure Anschlusssätze nicht mit „Und dann" oder „Dann" beginnt.
- **Planung:** Überlegt, worauf jeder in seiner Position – am Anfang, in der Mitte und am Ende der Geschichte – besonders achten muss.
- **Spannung:** Plant einen Spannungsbogen für die Geschichte und macht aus, bei welchen Erzählern die Spannung am höchsten sein soll.
- **Ausführlichkeit:** Nicht jeder muss sich auf nur einen Satz beschränken, sondern kann mehrere Sätze beisteuern. Achtet dabei aber dennoch auf einen sinnvollen Aufbau der Geschichte mit Spannungssteigerung.

# Anfang, Mittelteil und Schluss von Märchen ergänzen

**Aufgaben**

1. Vervollständige das Merkwissen mit Hilfe des Wortspeichers.

| |
|---|
| Erzählung Figuren Handlungsschema Moral Symbolik Zauberwesen |

## Merkwissen: Volksmärchen

Ein Volksmärchen ist eine kürzere ______________, die von Magischem und Übernatürlichem handelt und deren Verfasser unbekannt ist. Besonders für die weltberühmten *Kinder- und Hausmärchen* (ab 1812), die die Brüder Grimm gesammelt und niedergeschrieben haben, sind folgende Merkmale typisch, die gleichwohl nicht für alle Märchen gelten:

- das dreigliedrige ______________________________ (Notsituation – Bewährung – Erlösung)
- ______________, die soziale (König – armer Müller), moralische (gut – böse) und körperliche (schön – hässlich) Gegensätze verkörpern
- fantastische __________________________ (Riesen, Zwerge, Hexen) und fantastische Ereignisse
- eine optimistische ______________, wonach das Gute reichlich belohnt und das Böse hart bestraft wird
- ein raffiniert schlichter Stil mit festen sprachlichen Formeln am Anfang *(Es war einmal …)* und am Ende *(Und wenn sie nicht gestorben sind …)* sowie die ______________ magischer Zahlen (besonders drei und sieben)



2. Bei den folgenden drei Märchen fehlen einmal der Anfang, einmal der Mittelteil und einmal der Schluss. Schreibe die fehlenden Textstellen so, dass sie in den Handlungszusammenhang passen. Beachte dabei auch die Merkmale eines Volksmärchens (Aufgabe 1).

**Der süße Brei**

______________________________________________

______________________________________________

______________________________________________

______________________________________________

______________________________________________

______________________________________________

______________________________________________

Das Mädchen brachte den Topf seiner Mutter heim, und nun waren sie ihrer Armut und ihres Hungers ledig und aßen süßen Brei, sooft sie wollten.
Auf eine Zeit war das Mädchen ausgegangen, da sprach die Mutter: „Töpfchen, koche“, da kocht es, und sie isst sich satt; nun will sie, dass das Töpfchen wieder aufhören soll, aber sie weiß das Wort nicht. Also kocht es fort, und der Brei steigt über den Rand hinaus und kocht immerzu, die Küche und das ganze Haus voll und das zweite Haus und dann die Straße, als wollt's die ganze Welt satt machen, und ist die größte Not, und kein Mensch weiß sich da zu helfen. Endlich, wie nur noch ein einziges Haus übrig ist, da kommt das Kind heim und spricht nur: „Töpfchen, steh“, da steht es und hört auf zu kochen, und wer wieder in die Stadt wollte, der musste sich durchessen. *Grimm, Jacob und Wilhelm: Hausmärchen. Reclam Verlag, Stuttgart 2010.*



*Fortsetzung auf Seite 29*

*Fortsetzung von Seite 28* 

## Der Fuchs und die Gänse

Der Fuchs kam einmal auf eine Wiese, wo eine Herde schöner fetter Gänse saß, da lachte er und sprach: „Ich komme ja wie gerufen, ihr sitzt hübsch beisammen, so kann ich eine nach der andern auffressen.“ Die Gänse gackerten vor Schrecken, sprangen auf, fingen an zu jammern und kläglich um ihr Leben zu bitten. Der Fuchs aber wollte auf nichts hören und sprach: „Da ist keine Gnade, ihr müsst sterben.“

(Und wenn sie ausgebetet haben, soll das Märchen weitererzählt werden, sie beten aber alleweile noch immer fort).

*Grimm, Jacob und Wilhelm: Hausmärchen. Reclam Verlag, Stuttgart 2010.*



## Der Bauer und der Teufel

Es war einmal ein kluges und verschmitztes Bäuerlein, von dessen Streichen viel zu erzählen wäre, die schönste Geschichte ist aber doch, wie er den Teufel einmal drangekriegt und zum Narren gehabt hat. Das Bäuerlein hatte eines Tages seinen Acker bestellt und rüstete sich zur Heimfahrt, als die Dämmerung schon eingetreten war. Da erblickte er mitten auf seinem Acker einen Haufen feuriger Kohlen, und als er voll Verwunderung hinzuging, so saß oben auf der Glut ein kleiner schwarzer Teufel. „Du sitzest wohl auf einem Schatz“, sprach das Bäuerlein. „Jawohl“, antwortete der Teufel, „auf einem Schatz, der mehr Gold und Silber enthält, als du dein Lebtag gesehen hast.“ „Der Schatz liegt auf meinem Feld und gehört mir“, sprach das Bäuerlein. „Er ist dein, antwortete der Teufel, „wenn du mir zwei Jahre lang die Hälfte von dem gibst, was dein Acker hervorbringt: Geld habe ich genug, aber ich trage Verlangen nach den Früchten der Erde.“ Das Bäuerlein ging auf den Handel ein.

*Grimm, Jacob und Wilhelm: Hausmärchen. Reclam Verlag, Stuttgart 2010.*

**Aufgabe**

3. Vergleicht eure Fassungen mit denen der Grimm'schen Märchen im Lösungsteil und besprecht, welche Stellen ihr märchentypisch findet, welche weniger.

# Märchen mit Spielkarten erzählen

**Aufgabe**

1. Klebt die Kärtchen auf festes Papier oder Karton und schneidet sie aus.
   **Spielvariante 1:** Sucht euch passende Stichworte aus und erzählt mit ihnen ein Märchen.
   **Spielvariante 2:** Teilt euch gegenseitig Märchenfiguren, märchenhafte Gegenstände, typische Märchenhandlungen und feste Redewendungen zu. Erzählt dann mit den zugeteilten Karten ein Märchen.

| | | |
|---|---|---|
| Prinz | Prinzessin | Hexe |
| König | Königin | Zauberer |
| jüngster Sohn | Teufel | Ziegenbock |
| Esel | kluge Eule | weise Frau |
| sprechender Spiegel | Zauberschwert | goldene Kugel |
| Teller, der nie leer wird | Siebenmeilenstiefel | Truhe, in der alles Platz findet |
| Mütze, die unsichtbar macht | Haus, das laufen kann | Geldbeutel, der immer voll ist |
| Feder, die auf Befehl kitzelt | Buch der Weisheit | Ring |




*Fortsetzung auf Seite 31*

Fortsetzung von Seite 30

## Märchen mit Spielkarten erzählen

| | | |
|---|---|---|
| finsterer Wald | altes Bauernhaus | schönes Schloss |
| große Wiese | hohler Baum | tiefer See |
| hohe Berge | geheimer Gang | tiefer Brunnen |
| Kirche | Hexenhaus | tiefe Schlucht |
| Prinzessin befreien | Drachen töten | Weg finden |
| Fragen beantworten | Mutprobe bestehen | Bann lösen |
| Können beweisen | Zauberfluch aufheben | ungewöhnliche Arbeit tun |
| Märchen erzählen | Schatz ausgraben | Spuk aushalten |
| 3 | 7 | Es war einmal … |
| Und wenn sie nicht gestorben sind … | Zum Lohn bekam er die Prinzessin und das halbe Königreich. | Und sie lebten glücklich bis an ihr Ende. |

# Perspektivwechsel im Märchen

*Paul Maar*

**Die Geschichte vom bösen Hänsel, der bösen Gretel und der Hexe**

Es war einmal eine alte Hexe, die hatte ihr ganzes Leben lang gearbeitet, hatte gezaubert vom frühen Morgen bis zum späten Abend, hatte gehext und Zaubersprüche aufgesagt jeden Tag und war nun in das Alter gekommen, wo ihre Zauberkraft nachließ und ihre Kräfte langsam schwanden.

Sie wurde aber nicht böse und giftig darüber wie manche andere Hexen, wenn sie so alt werden, sondern sagte sich. „Mit meiner Zauberkraft geht es zu Ende. Da will ich mir eine andere Beschäftigung suchen, damit ich nicht faulenzen muss und auf trübe Gedanken komme. Ich werde mein Haus zum schönsten Hexenhaus weit und breit machen!"

Und schon am nächsten Tag begann sie, ihr Häuschen aufs Wunderlichste zu schmücken. Auf die Dachziegel legte sie Lebkuchen, verziert mit Mandeln und Nüssen, ihre Glasfenster hängte sie aus und hängte neue ein, ganz aus weißem Zucker.

Es dauerte viele Wochen; jeden Tag musste die alte Frau in der Küche stehen und backen. Aber sie arbeitete unermüdlich, und endlich war das Häuschen fertig.

Da war die Hexe stolz auf ihr Haus! Jeden Abend saß sie auf der Bank neben der Haustür, betrachtete die bunten Mauern, hexte mit ihrer versiegenden Zauberkraft noch einen roten Zuckerguss auf einen Kuchen oder verzierte einen Lebkuchen mit einer Nuss, wischte überall Staub und rieb dann die neuen Zuckerscheiben glänzend. Und wenn irgendein Tier an ihrem Haus vorbeikam, staunend stehen blieb und schließlich sagte: „So ein schönes Haus habe ich noch nie gesehen", wurde sie grün vor Stolz.

Eines Tages stand die Hexe gerade vor ihrem Backofen und wollte einen Lebkuchen backen, weil der Wind in der Nacht einen vom Dach geweht hatte. Da war es ihr, als knuspere draußen jemand an ihrem schönen Haus und breche ganze Stücke ab. Ängstlich rief sie:

„Knusper, knusper, kneuschen,
Wer knuspert an meinem Häuschen?"

Von draußen antwortete ein dünnes Stimmchen:

„Der Wind, der Wind,
Das himmlische Kind!"

„Da bin ich beruhigt", seufzte die Hexe erleichtert. „Es ist nur der Wind, der da draußen lärmt. Und ich hatte schon Angst, jemand wolle mein Häuschen zerstören."

Wie sie das gerade sagte, zersprang ihre schöne Fensterscheibe, an der sie drei Wochen gearbeitet hatte, ein Mädchen griff nach den Splittern und aß sie auf! …

*Maar, Paul: Die Geschichte vom bösen Hänsel, der bösen Gretel und der Hexe. In: Ders.: Der tätowierte Hund. Friederich Oetinger Verlag, Hamburg 2002.*



**Aufgaben**

1. Worin unterscheidet sich diese Fassung des Märchens von der bekannteren Fassung der Brüder Grimm? Notiere die wesentlichen Unterschiede stichwortartig.

________________________________________

________________________________________

2. Erzähle das Märchen in der Fassung von Paul Maar zu Ende. Dieses Ende sollte zum abgedruckten Anfang passen. Schreibe in dein Heft.

3. Erzähle auch andere Märchen aus der Sicht der ursprünglich bösen Figur neu. Zum Beispiel:
   - Wie würde die Stiefmutter von Schneewittchen ihre Geschichte erzählen? Weshalb hat sie wohl ihre böse Stieftochter bei den sieben Zwergen besucht und ihr einen Kamm, einen Gürtel und einen Apfel gegeben? Worin lag wohl die gute Absicht bei diesen Geschenken?
   - Was sagt Rumpelstilzchen über seine Beweggründe, der Müllerstochter ihr Kind wegzunehmen?
   - …

# Ein Gedicht als Märchen erzählen

*Heinz Erhardt*
**Die Made**

Hinter eines Baumes Rinde
wohnt die Made mit dem Kinde.

Sie ist Witwe, denn der Gatte,
den sie hatte, fiel vom Blatte.
Diente so auf diese Weise
einer Ameise als Speise.

Eines Morgens sprach die Made:
„Liebes Kind, ich sehe grade,
drüben gibt es frischen Kohl,
den ich hol. So leb denn wohl!
Halt, noch eins! Denk, was geschah,
geh nicht aus, denk an Papa!“

Also sprach sie und entwich. –
Made junior jedoch schlich
Hinterdrein; und das war schlecht!
Denn schon kam ein bunter Specht
und verschlang die kleine fade
Made ohne Gnade. Schade!

Hinter eines Baumes Rinde
ruft die Made nach dem Kinde …

*Erhardt, Heinz: Die Made.*
*In: Ders.: Noch'n Gedicht.*
*Lappan Verlag, Oldenburg 2011.*

**Aufgaben**

1. „Es war einmal eine Made, die …“ Erzähle das Gedicht als Märchen in deinem Heft.
   Achte dabei auf die folgenden Punkte:
   - Schreibe durchgängig im Präteritum.
   - Ändere den Schluss: Märchen haben meist ein Happy End.

2. Lest euch eure Märchen gegenseitig vor.
   Prüft dabei, ob ihr verschiedene Märchenmerkmale verwendet habt.

# Ein Märchen anders erzählen

*Jacob und Wilhelm Grimm*
**Rotkäppchen**

Es war einmal eine kleine süße Dirne[1], die hatte jedermann lieb, der sie nur ansah, am allerliebsten aber ihre Großmutter, die wusste gar nicht, was sie alles dem Kinde geben sollte. Einmal schenkte sie ihm ein Käppchen von rotem Sammet, und weil ihm das so wohl stand und es nichts anders mehr tragen wollte, hieß es nur das Rotkäppchen. Eines Tages sprach seine Mutter zu ihm: „Komm, Rotkäppchen, da hast du ein Stück Kuchen und eine Flasche Wein, bring das der Großmutter hinaus; sie ist krank und schwach und wird sich daran laben. Mach dich auf, bevor es heiß wird, und wenn du hinauskommst, so geh hübsch sittsam und lauf nicht vom Weg ab, sonst fällst du und zerbrichst das Glas, und die Großmutter hat nichts. Und wenn du in ihre Stube kommst, so vergiss nicht, guten Morgen zu sagen, und guck nicht erst in alle Ecken herum."

„Ich will schon alles gut machen", sagte Rotkäppchen zur Mutter und gab ihr die Hand darauf. Die Großmutter aber wohnte draußen im Wald, eine halbe Stunde vom Dorf. Wie nun Rotkäppchen in den Wald kam, begegnete ihm der Wolf. Rotkäppchen aber wusste nicht, was das für ein böses Tier war, und fürchtete sich nicht vor ihm. „Guten Tag, Rotkäppchen", sprach er. „Schönen Dank, Wolf." „Wo hinaus so früh, Rotkäppchen?" „Zur Großmutter." „Was trägst du unter der Schürze?" „Kuchen und Wein: gestern haben wir gebacken, da soll sich die kranke und schwache Großmutter etwas zugut tun und sich damit stärken." „Rotkäppchen, wo wohnt deine Großmutter?" „Noch eine gute Viertelstunde weiter im Wald, unter den drei großen Eichbäumen, da steht ihr Haus, unten sind die Nusshecken, das wirst du ja wissen", sagte Rotkäppchen. Der Wolf dachte bei sich: „Das junge zarte Ding, das ist ein fetter Bissen, der wird noch besser schmecken als die Alte: du musst es listig anfangen, damit du beide erschnappst." Da ging er ein Weilchen neben Rotkäppchen her, dann sprach er: „Rotkäppchen, sieh einmal die schönen Blumen, die ringsumher stehen, warum guckst du dich nicht um? Ich glaube, du hörst gar nicht, wie die Vöglein so lieblich singen? Du gehst ja für dich hin, als wenn du zur Schule gingst, und ist so lustig hausen in dem Wald."

Rotkäppchen schlug die Augen auf, und als es sah, wie die Sonnenstrahlen durch die Bäume hin und her tanzten und alles voll schöner Blumen stand, dachte es: „Wenn ich der Großmutter einen frischen Strauß mitbringe, der wird ihr auch Freude machen; es ist so früh am Tag, dass ich doch zu rechter Zeit ankomme", lief vom Wege ab in den Wald hinein und suchte Blumen. Und wenn es eine gebrochen hatte, meinte es, weiter hinaus stände eine schönere, und lief darnach, und geriet immer tiefer in den Wald hinein. Der Wolf aber ging geradeswegs nach dem Haus der Großmutter und klopfte an die Türe. „Wer ist draußen?" „Rotkäppchen, das bringt Kuchen und Wein, mach auf." „Drück nur auf die Klinke", rief die Großmutter, „ich bin zu schwach und kann nicht aufstehen." Der Wolf drückte auf die Klinke, die Türe sprang auf, und er ging, ohne ein Wort zu sprechen, gerade zum Bett der Großmutter und verschluckte sie. Dann tat er ihre Kleider an, setzte ihre Haube auf, legte sich in ihr Bett und zog die Vorhänge vor.

Rotkäppchen aber war nach den Blumen herumgelaufen, und als es so viel zusammen hatte, dass es keine mehr tragen konnte, fiel ihm die Großmutter wieder ein, und es machte sich auf den Weg zu ihr. Es wunderte sich, das die Türe aufstand, und wie es in die Stube trat, so kam es ihm so seltsam darin vor, dass es dachte: „Ei, du mein Gott, wie ängstlich wird mir's heute zumut, und bin sonst so gerne bei der Großmutter!" Es rief „Guten Morgen", bekam aber keine Antwort. Darauf ging es zum Bett und zog die Vorhänge zurück: da lag die Großmutter und hatte die Haube tief ins Gesicht gesetzt und sah so wunderlich aus. „Ei, Großmutter, was hast du für große Ohren!" „Dass ich dich besser hören kann." „Ei, Großmutter, was hast du für große Augen!" „Dass ich dich besser sehen kann." „Ei, Großmutter, was hast du für große Hände" „Dass ich dich besser packen kann." „Aber, Großmutter, was hast du für ein entsetzlich großes Maul!" „Dass ich dich besser fressen kann." Kaum hatte der Wolf das gesagt, so tat er einen Satz aus dem Bette und verschlang das arme Rotkäppchen.

Wie der Wolf sein Gelüsten gestillt hatte, legte er sich wieder ins Bett, schlief ein und fing an, überlaut zu schnarchen. Der Jäger ging eben an dem Haus vorbei und dachte: „Wie die alte Frau schnarcht, du musst doch sehen, ob ihr etwas fehlt." Da trat er in die Stube, und wie er vor das Bette kam, so sah er, dass der Wolf darin lag. „Finde ich dich hier, du alter Sünder", sagte er, „ich habe dich lange gesucht." Nun wollte er seine Büchse anlegen, da fiel ihm ein, der Wolf könnte die Großmutter gefressen





*Fortsetzung auf Seite 35*

Fortsetzung von Seite 34



haben und sie wäre noch zu retten: schoss nicht, sondern nahm eine Schere und fing an, dem schlafenden Wolf den Bauch aufzuschneiden. Wie er ein paar Schnitte getan hatte, da sah er das rote Käppchen leuchten, und noch ein paar Schnitte, da sprang das Mädchen heraus und rief: „Ach, wie war ich erschrocken, wie war's so dunkel in dem Wolf seinem Leib!" Und dann kam die alte Großmutter auch noch lebendig heraus und konnte kaum atmen. Rotkäppchen aber holte geschwind große Steine, damit füllten sie dem Wolf den Leib, und wie er aufwachte, wollte er fortspringen, aber die Steine waren so schwer, dass er gleich niedersank und sich totfiel.

Da waren alle drei vergnügt; der Jäger zog dem Wolf den Pelz ab und ging damit heim, die Großmutter aß den Kuchen und trank den Wein, den Rotkäppchen gebracht hatte, und erholte sich wieder, Rotkäppchen aber dachte: „Du willst dein Lebtag nicht wieder allein vom Wege ab in den Wald laufen, wenn dir's die Mutter verboten hat." [...]

*Grimm, Jacob und Wilhelm: Hausmärchen.*
*Reclam Verlag, Stuttgart 2010.*

1 Dirne: Mädchen

**Aufgaben**

1. Lies das Märchen und formuliere anschließend mit eigenen Worten die Lehre, die es vermittelt.

___

___

___

2. Wie hätten sich wohl Till Eulenspiegel, Pippi Langstrumpf oder Harry Potter an Rotkäppchens Stelle verhalten? Erzähle das Märchen einmal ganz anders.
   Gehe so vor:
   a) Wähle Till, Pippi oder Harry als Hauptfigur deines Märchens. Trage den Namen in den mittleren Kreis ein. Notiere rundherum Eigenschaften deines Helden/deiner Heldin.

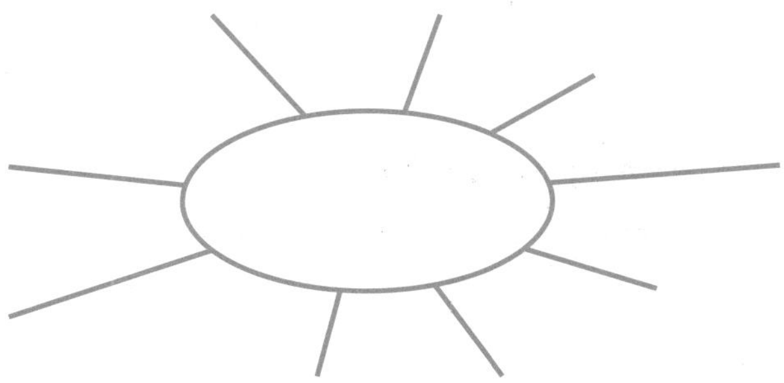

   b) Lies „Rotkäppchen" noch einmal sorgfältig und entscheide, an welchen Stellen du die Handlung verändern möchtest, sodass sie zu deinem Helden, zu deiner Heldin passt.
   Du darfst ganz frei mit der Vorlage umgehen.
   c) Schreibe dein Märchen in dein Heft.

3. Lest euch eure Texte gegenseitig vor und besprecht, ob auch sie eine Lehre enthalten.

# Ein Sohn fehlt – ein Märchen ausbauen

*István Örkény*
**Söhne**

Es war einmal eine arme alte Witwe, und diese Witwe hatte zwei schöne Söhne. Der eine, der Ältere, heuerte auf einem Schiff an, dessen erste Fahrt gleich in den Stillen Ozean führte. Was mit dem Schiff geschah und was nicht, kann niemand sagen, denn es verschwand mit Mann und Maus auf den Meeren.
Der Jüngere blieb zu Hause. Aber einmal, als ihn seine Mutter um Würmerzucker schickte (in die Apotheke, sieben Häuser weiter die Straße runter), kam er nicht mehr zurück. Auch er verschwand spurlos.
Das ist eine wahre Begebenheit. Aber in den Märchen haben die Witwen immer drei Söhne. Und es ist immer der dritte, der es schafft.

*Örkény, István: Söhne. In: 112 einseitige Geschichten. Hg. v. Franz Hohler, Sammlung Luchterhand, München 2007², S. 32.*

**Aufgaben**

1. Notiere einen möglichen Grund dafür, warum der Autor den dritten Sohn weggelassen haben könnte.

   ______________________________________________________

   ______________________________________________________

2. Ergänze die Geschichte.
   a) Erzähle jeweils, warum die beiden Söhne nicht zurückgekehrt sind. Übertrage dazu die beiden Sätze in dein Heft.

   Satz 1: Es war einmal eine arme alte Witwe, und diese Witwe hatte zwei schöne Söhne. Der eine, der Ältere, heuerte auf einem Schiff an, dessen erste Fahrt gleich in den Stillen Ozean führte …

   Satz 2: Der Jüngere blieb zu Hause. Aber einmal, als ihn seine Mutter um Würmerzucker schickte (in die Apotheke, sieben Häuser weiter die Straße runter) …

   b) Erfinde einen dritten Sohn und schreibe ein angemessenes Ende für ein Märchen.
   **Tipp:** Der Märchenbaukasten hilft dir.

**Figuren**
König/Königin
Prinz/Prinzessin
Feen
Hexen
Zwerge
sprechende Tiere
Riesen
Zauberer

**(magische) Zahlen**
drei Wünsche, sieben Zwerge, zwölf Gesellen

**Orte**
dichter Wald, altes Schloss, fernes Dorf, hinter den Bergen

**Zauberdinge**
verwunschener Spiegel, Besen, Zaubernüsse, Wunschbohnen

**Handlung**
meist siegt das Gute
Held muss Prüfungen bestehen

**Anfänge/Schlüsse**
Vor langer Zeit …
Es war einmal …
So lebten sie …

# Ein Märchen als Lügengeschichte erzählen

*Erich Kästner*
**Münchhausens Ritt auf der Kanonenkugel**

Im gleichen Feldzug belagerten wir eine Stadt – ich habe vor lauter Belagerungen vergessen, welche Stadt es war – und Marschall Münnich hätte gerne gewusst, wie es in der Festung stünde. Aber es war unmöglich, durch all die Vorposten, Gräben und spanischen Reiter hineinzugelangen.
Vor lauter Mut und Diensteifer, und eigentlich etwas voreilig, stellte ich mich neben eine unserer größten Kanonen, die in die Stadt hineinschossen, und als sie wieder abgefeuert wurde, sprang ich im Hui auf die aus dem Rohr herauszischende Kugel! Ich wollte mitsamt der Kugel in die Festung hineinfliegen! Während des sausenden Flugs wuchsen allerdings meine Bedenken. Hinein kommst du leicht, dachte ich, aber wie kommst du wieder heraus? Man wird dich an deiner Uniform als Feind erkennen und an den nächsten Galgen hängen!
Diese Überlegungen machten mir sehr zu schaffen. Und als eine türkische Kanonenkugel, die auf unser Feldlager gemünzt war, an mir vorüberflog, schwang ich mich auf sie hinüber und kam, wenn auch unverrichteter Sache, so doch gesund und munter wieder bei meinen Husaren[1] an.

*Kästner, Erich: Münchhausens Ritt auf der Kanonenkugel. In: Ders.: Münchhausen: Wunderbare Reisen und Abenteuer zu Wasser und zu Lande. Dressler Verlag, Hamburg 2007.*

1 der Husar: Mitglied einer Reitertruppe

**Aufgaben**

1. Der Ritt auf der Kanonenkugel ist ein typisches Abenteuer des Lügenbarons Münchhausen. Halte die wichtigsten Merkmale einer Lügengeschichte fest, indem du die Lücken jeweils mit der richtigen Angabe aus der rechten Spalte ausfüllst.

| | |
|---|---|
| Eine Lügengeschichte enthält Ereignisse, die ______________ stattfinden könnten, und Ereignisse, die eindeutig erfunden sind. | wirklich / niemals |
| Es handelt sich um einen ______-Erzähler. | Ich- / Er- |
| Der Erzähler vermittelt den Eindruck, dass er die Geschichte ______________________________ hat. | nur gehört / selbst erlebt |
| Der Erzähler wirkt ______________________________. | selbstbewusst und angeberisch / schüchtern und bescheiden |
| Häufig benutzt der Erzähler ________________________. | Übertreibungen / Wortspiele |
| Um seine Lügen glaubhaft zu machen, ______________ der Erzähler Einzelheiten wie Ort, Zeit, genaue Umstände. | verschweigt / beschreibt |
| Die Geschichte klingt wie ein ______________ Abenteuer. | nicht erlebtes / mündlich erzähltes |

2. Wähle ein Märchen aus, das du gut kennst und das dir gefällt, zum Beispiel: Hänsel und Gretel, Rumpelstilzchen, Hans im Glück, Der Froschkönig, Das tapfere Schneiderlein, Die Bremer Stadtmusikanten.
Stelle dir nun vor, Baron Münchhausen wäre der Held dieses Märchens. Wie würde er das Abenteuer wohl erzählen? Orientiere dich an den Merkmalen einer Lügengeschichte (Aufgabe 1) und schreibe das Märchen aus der Ich-Perspektive Münchhausens.

# Eine Geschichte zu Ende erzählen

*Josef Guggenmos*
**Wie ihr wollt**

Es war einmal ein Prinz …

Ihr glaubt mir doch hoffentlich? Oder? Sonst höre ich gleich auf.

Wie gesagt, es war einmal ein König … Wie bitte, was habe ich vorhin behauptet? Na und! Inzwischen ist er eben König geworden, das ging ganz flink damals; heutzutage bringt's unsereins kaum zum Prinzen.

Und dieser Kaiser – Kaiser ist er natürlich auch noch geworden –, dieser Kaiser trug jahraus, jahrein nur offene Sandalen. Warum? Na, warum wohl? Dreimal dürft ihr raten. – Damit man die schönen Ringe an seinen Zehen sehen konnte natürlich. Da hättet ihr auch selbst drauf kommen können. An jedem Zeh steckte ein Ring, und jeder Ring trug einen dicken Edelstein. Da der Kaiser zehn Zehen hatte (er bedauerte oft, dass er nicht mehr besaß), waren es zehn Edelsteine. Von diesen Edelsteinen hatte jeder einen anderen Namen. Sie hießen: Topas, Saphir, Türkis, Granat, Smaragd, Rubin, Aquamarin, Diamant, Opal und Lapislazuli. Den Leuten und besonders den Kindern, die sich mit Edelsteinen nicht so gut auskannten, erklärte er gern, welcher welcher war.

Er war da nicht so.

Und als der Kaiser einmal Geburtstag hatte, da machte er zur Feier des Tages eine Seefahrt mit einem bunt lackierten, frisch polierten, mit hundert Girlanden und tausend Fähnlein verzierten Schiff.

Es waren natürlich eine Masse Leute mit auf dem Schiff: Köche, Kellnerinnen, Musikanten, Fabrikanten, Matrosen, Briefträger, Fliesenleger, Doktoren, Professoren, Buchdrucker, Sterngucker, Brautpaare, Bauchredner, Schlagersänger, Ober-, Unter-, Mittelschüler und -rinnen (davon jede Menge) sowie viele, viele andere, alles bunt durcheinander. Im Ganzen waren es 999 Personen. Und für die 999 Leute waren 999 Rettungsringe aufgehängt, 998 gewöhnliche aus Kork und einer aus massivem Gold, der war für – den Kaiser, na klar, da seid ihr auch drauf gekommen. Aber was ihr nicht wisst: Den goldenen Rettungsring hatten die Einwohner des Landes dem Kaiser eigens zum Geburtstag gestiftet, und damit sie das viele Geld zusammenkriegten, hatten sie alle drei Tage lang gefastet; ja, meine Lieben, so was gab's damals noch.

Und da wurde nun gegessen und getrunken, und alle zehn Minuten ließ man den Kaiser hochleben.

Die Musik spielte, und alle möglichen Unterhaltungskünstler versetzten die Leute in Begeisterung.

Ein Pudel, der Mundharmonika spielen konnte, war auch mit an Bord, und als der eben „Fuchs, du hast die Gans gestohlen …" spielte, fingen die Leute auf dem frisch polierten Schiff plötzlich an, abwechselnd nach backbord (links) und steuerbord (rechts) zu rutschen.

*Fortsetzung auf Seite 39*

*Fortsetzung von Seite 38*



Und wie sie alle so rutschten, fand zwischen dem Kaiser und dem Kapitän folgendes Gespräch statt.
Backbord. Kaiser: „Lustig! Prima hingekriegt. Bekommt einen Orden."
Steuerbord. Kapitän: „Nicht lustig. Sturm original."
Backbord. Kaiser: „Darf der das?"
Steuerbord. Kapitän: „Tut."
Backbord. Kaiser: „Noch lange?"
Steuerbord. Kapitän: „Hm. – Entweder hört auf …"
Backbord. Kaiser: „Dann?"
Steuerbord. Kapitän: „Okay."
Backbord. Kaiser: „Oder?"
Steuerbord. Kapitän: „Wird Orkan."
Backbord. Kaiser: „Dann?"
Steuerbord. Kapitän: „Schmeißt Schiff um wie nix."
Jetzt wurden die Rettungsringe verteilt. Das war bei dem Seegang nicht einfach, aber am Ende hatte jeder einen und der Kaiser den seinen.
Und nun, meine Lieben, frage ich euch: Wie soll's weitergehen? In wichtigen Fragen lasse ich meine Zuhörer stets mitbestimmen.

*Guggenmos, Josef: Wie Ihr wollt. In: Ders.: Oh, Verzeihung sagte die Ameise. Ein Kinderbuch mit Bildern von Nikolaus Heidelbach, Beltz Verlag. Weinheim/Basel 2008, S. 57–60.*

**Aufgaben**

1. Unterstreiche in dem Text alles, was dir dabei helfen könnte, die Geschichte weiterzuerzählen.

2. Wähle eine der beiden folgenden Varianten und erzähle die Geschichte zu Ende.
   - Ein Orkan kommt auf.
   - Der Sturm legt sich.

___

___

___

___

___

___

___

___

___

___

3. Vergleicht eure Enden untereinander und mit dem folgenden Originalende.

Für was seid ihr? Für Windstille oder Orkan? Die Entscheidung liegt ganz bei euch. Gleich wollen wir abstimmen. – Aber bedenkt: Bei Windstille fährt das Schiff heim in den Hafen, und alles ist aus. Falls ihr euch aber für Orkan entscheidet, dann sitzt der Kaiser heute auf dem Grund, den goldenen Rettungsring um den Bauch. Und dann können wir in den Ferien tauchen und ihn uns anschauen. Das hat auch was für sich. Also: ganz wie Ihr wollt!
Aber der Pudel? Der Arme hatte keinen Rettungsring? – Um den macht euch keine Sorgen! Der war der Einzige an Bord, der schwimmen konnte. Und bis zum Ufer war es nicht weit.

# Lügengeschichten erzählen

**Wir lernen im Schlaf**

Peter war der kleine Bruder von Susi. Er ging noch auf die Grundschule. Deshalb stellte er ihr ständig Fragen, wie es bei ihr auf dem Gymnasium zuging. Er glaubte, dass auf der Schule seiner Schwester spannende Dinge passierten. Schließlich konnte ja nicht jeder auf das Gymnasium gehen. Peter wollte immer alles ganz genau wissen, und so musste sich Susi jeden Tag am Frühstückstisch neue Geschichten für ihren Bruder ausdenken. Vor zwei Tagen hatte Susi ihm Folgendes erzählt: „Im hinteren Teil unseres Klassenraumes stehen Betten für die Schüler, die in der ersten Stunde noch müde sind. Das Geld hierfür hat der Förderverein gespendet, und die Frau des Hausmeisters hat extra die Decken gehäkelt. Wecker sind nicht nötig, da es am Ende der ersten Stunde in der Schule ja klingelt. Unsere Lehrer finden das alles toll, weil eine neue Lerntheorie besagt, dass man sehr gut im Schlaf lernen kann.“ Ja und gestern, so hatte Susi heute erzählt, war die Schulklingel wegen eines technischen Defektes ausgefallen. Auch die Lehrer hatten dies nicht bemerkt, sodass die Schüler erst um 11.00 Uhr, als die Glocke der benachbarten Kirche läutete, aufgewacht sind. Die Lehrer waren sehr zufrieden. Der neuen Theorie nach hatten die Schüler an diesem Tag besonders viel gelernt. Peter wusste nicht genau, ob er Susi glauben konnte. Als sie jedoch nach dem Frühstück im Schlafanzug zur Schule ging, war er überzeugt. Von nun an konnte er es kaum erwarten, auch aufs Gymnasium zu gehen. Einen neuen Schlafanzug wünschte er sich zum Geburtstag.

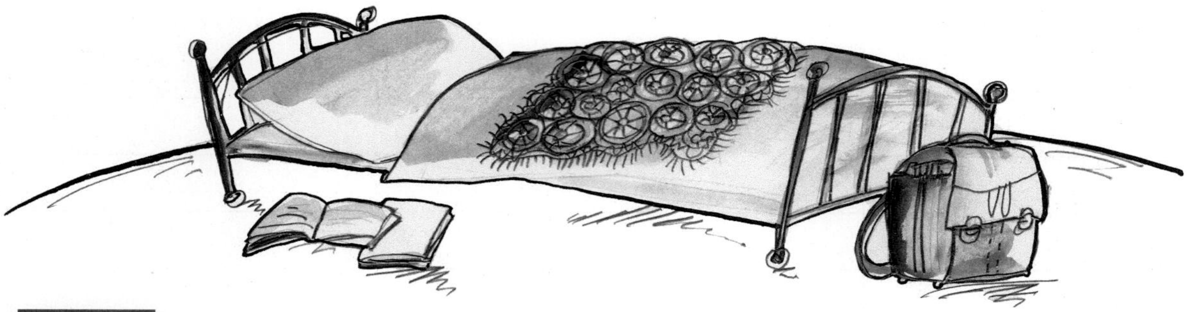



**Aufgaben**

1. Gliedere die Geschichte mit Bleistift in vier Abschnitte.
   Begründe anschließend deine Einteilung. Du kannst dabei die folgenden Wörter und Wortgruppen verwenden:

| | | | |
|---|---|---|---|
| Ende | vor zwei Tagen | Anfang | gestern |

Begründung: ______________________________

______________________________

______________________________

______________________________

______________________________

______________________________

2. Schreibe eine ähnliche Lügengeschichte über die Schule in dein Heft.
   Deine Geschichte sollte die gleiche Gliederung aufweisen, wie der Text oben.

# Eine Kurzgeschichte nach einem Textimpuls erzählen

Auf der Flucht vor seiner schlecht laufenden Beziehung hat ein junger Mann den Schutz des Gefängnisses aufgesucht. Ursprünglich wegen eines kleinen Vergehens gesucht und zu entweder 80 Euro Strafe oder 10 Tagen Haft verurteilt, hat der junge Mann nun um die 10 Tage Haft gebeten, um sich von seiner Beziehung zu erholen. Die Polizei hat ihm seinen Wunsch erfüllt.

**Aufgabe**

1. Schreibe mit Hilfe des oben abgedruckten Zeitungsartikels eine Kurzgeschichte. Gehe so vor:
   - Lies den Merkkasten zur „Kurzgeschichte".

## Kurzgeschichte

Eine Kurzgeschichte (von engl. *short story*) ist eine **realistische Erzählung**, die in zugespitzter Weise einen **krisenhaften Ausschnitt** aus dem Leben eines oder mehrerer Menschen gestaltet. Thema, Figuren, Konflikte und Wortwahl der Kurzgeschichte sind dem **Alltag** entnommen. Der Beginn erfolgt unvermittelt und schnörkellos, der Schluss bleibt offen und mitunter vieldeutig. Die Handlung ist einsträngig und gradlinig auf einen schicksalhaften Augenblick hin angelegt.

   - Sammle Ideen für deine Kurzgeschichte. Trage sie stichwortartig auf dieser und der nächsten Seite ein.
     Du kannst dich dabei eng oder locker an dem Zeitungsartikel orientieren.

A Die Hauptfiguren, ihre Eigenschaften und Motive: ______________________________

______________________________

______________________________

______________________________

______________________________

______________________________

B Der zentrale Konflikt: ______________________________

______________________________

______________________________

______________________________

______________________________

______________________________




*Fortsetzung auf Seite 42*

*Fortsetzung von Seite 41* 

C Die Handlung

Einleitung: ______________________________

______________________________

______________________________

Hauptteil (Handlungsschritte und Höhepunkt): ______________________________

______________________________

______________________________

______________________________

______________________________

______________________________

______________________________

Schluss: ______________________________

______________________________

______________________________



**Aufgaben**

2. Schreibe deine Kurzgeschichte mit Hilfe der Vorarbeiten aus Aufgabe 1 in dein Heft.

3. Überarbeite deine Geschichte mit Hilfe der folgenden Checkliste.

## Checkliste: Kurzgeschichten erzählen

- Ist die Handlung der Geschichte realistisch?
- Erzählt sie von einem krisenhaften Moment im Leben einer oder mehrerer Figuren?
- Enthält sie einen Konflikt?
- Beginnt die Handlung unvermittelt?
- Verläuft die Handlung gradlinig auf einen Höhepunkt zu?
- Ist der Höhepunkt ausgestaltet?
- Bleibt der Schluss offen?

# Einen Paralleltext zu einer Kurzgeschichte schreiben

*Peter Bichsel*
**Die Männer**

Sie saß da. Wenn man sie gefragt hätte, seit wann, hätte sie geantwortet: „Immer, ich sitze immer da“. Sie wartete hier, bald auf eine Freundin, auf eine Kollegin, auf den Zug, auf den Abend.

Der Kellner lächelte vertraulich, wenn er den Kaffee brachte. Sie besaß ein rotes Portmonee, und es gehörte ihr so sehr, wie nur jungen Frauen ein Portmonee gehören kann. Es kam auch vor, dass ihr jemand den Kaffee bezahlte, aber dann kam die Freundin oder der Zug und sie bedankte sich.

Heute hatte man ihr im Büro gesagt, sie sei nett, der Chef hatte es gesagt, sie spielte mit dem Portmonee.

Schöne Frauen sollten nicht warten müssen, dachte man. Sie ist jung, dachte man auch. Ein bisschen verdorben, wünschte man.

Sie macht Lungenzüge, sah man. Eine Freundin hatte es sie gelehrt, wusste man.

Um halb sieben fährt der Zug. Sie sahen ihr zu, wie sie den engen Mantel aufknöpfte, auszog, sich ausschälte. Später wieder anzog, sich an ihn schmiegte, über die Hüften strich.

Sie hat einen großen Mund.

Sie hat schöne Haare.

Sie ist klein und zierlich.

Man kannte ihre Stimme: „Einen Kaffee bitte – danke schön – auf Wiedersehen.“

Eine weiche Stimme.

Rehaugen.

Man hätte sie fragen können. Der Kellner fragte: „Was wünschen Sie?“

Sie ist ein kleines Mädchen, ein kleines Ding, ein Püppchen, ein Schmetterling, dachte man auch.

Man hätte sie ja fragen können.

Sie hat eine zarte Hand.

Sie wartet hier, bald auf eine Freundin, auf eine Kollegin, auf den Zug, auf den Abend.

Sie ist ein Mädchen.

Wenn man sie fragt, ist sie schon eine Frau.

*Bichsel, Peter: Die Männer. In: Ders.: Eigentlich will Frau Blum den Milchmann kennenlernen. Suhrkamp Verlag, Frankfurt a. M. 1964.*

**Aufgaben**

1. Die Geschichte handelt davon, wie Männer in einem Lokal eine junge Frau wahrnehmen. Drehe den Spieß um und erzähle in einem Paralleltext mit dem Titel „Die Frauen“, wie Frauen in einem Lokal einen jungen Mann wahrnehmen. Verändere dazu das Original Satz für Satz. Du darfst den folgenden Beginn weiterschreiben, aber auch ganz anders anfangen.

   **Die Frauen**
   Er saß da. Wenn man ihn gefragt hätte, seit wann, hätte er geantwortet: „Immer, ich sitze immer da“. Er wartete hier, bald auf eine schöne Frau, auf ein Bier, auf seine Kumpels, auf die Nacht. Der Kellner lächelte verschmitzt, wenn er das erste Bier brachte. Er trug eine auffallende Rolex, und ...

2. Lest eure Geschichten vor und vergleicht die Männerbilder, die sie enthalten, mit dem Frauenbild in Bichsels Geschichte. Diskutiert, ob es sich um Geschlechterklischees handelt.

# Äußere und innere Handlung

*Hans Joachim Schädlich*
**Apfel auf silberner Schale**

Bine wollte raus am Sonntag. Ich? Hatte selber Frischluft nötig. Also wir los. Ich kenn ’ne Obstplantage, um die Zeit ist da keiner. So halb auf’m Berg, mit Fernblick auf die LPG[1], da kannste stundenlang in der Sonne liegen. Haste Kohldampf, schüttelste ’n Baum. Brauchst die Vitamine bloß aufsammeln. Gras gibt’s auch, schön weich. Wir also ’n ganzen Tag Adam und Eva. So zwischen fünfe sind wir abgehauen. Bine wollte noch tanzen gehen. Bloß, es fuhr kein Bus. Wir stehen und stehen.

Lieber zelt ich hier als jetzt tippeln, sagt Bine.

Die braucht nich lange warten. Hält so ’n Typ mit ’m blauen Fiat, Marke Polski. Bine sitzt schon halb, da komm ich.

Na schön, sagt der.

Bine vorn, ich hinten. Stellt sich raus, der Clown fährt gar nich in die Stadt. Is bestimmt ’ne Finte, denk ich, und siehste, der muss auf seine, sagt der doch tatsächlich Datsche[2]. Schönschön, Bine in der Laube von dem Onkel da, aber ich bin auch noch hier, was hat sich denn die Halbglatze ausgedacht? Die Zweitwohnung von dem hättste sehen sollen, Mensch. Ich dacht immer, so was gibt’s bloß hinter der Grenze, wo das andere Land wuchert. ’Ne komplette Villa am See. Ich erst mal rein und das ganze Ding abgeleuchtet. Ich musst immer an Kutte denken, wie der wohnt mit seinen Wurzeln.

Dieser aufgeschwemmte Komiker grinst bloß, schenkt uns was ein, Whisky, für achtzig Mark die Flasche oder von drüben, und Bine, das Stück, tut glatt, als kotzt sie der ganze Mist nich an. Aalt sich im Ledersessel, der Onkel schmeißt seine Anlage an, ’ne original Rhythmusmaschine. Platten hat er auch, viel zu schade für den, und Bine hievt sich hoch, Zigarette zwischen den Zähnen, und tanzt, solo.

Öde. Ich geh auf die Terrasse, die Tür lass ich offen, bisschen atmen. Mal sehen, was der Bootsschuppen macht, ich steig runter, vielleicht rudern, is aber alles dicht. Ich steh so am Ufer, eine rauchen. Wieder zurück, Musik is immer noch, ich komm rein, sitzt doch Bine auf dem Clown sei’m Schoß. Wenn ich dadran denk, kommt mir wieder der Kaffee hoch.

Ich sag, Bine, lass den Sabbel, wir ziehen jetzt Leine.

Aber denkste. Die rotzfrech, sagt, Käs nicht rum, gib mir lieber ’ne Zigarette.

Und jetzt auch der Komiker, Nimm dir was zu trinken, Junge, schieß doch nich quer, ihr könnt hier übernachten, undsoweiter.

Nach jedem zweiten Wort kullert der die ganz irre an.

Ich sag noch mal, Der geht mir auf’n Senkel, was willst du denn mit so’m verschimmelten Affengesicht.

Aber Bine sagt bloß, Mensch, mir schießt gleich’s Wasser in die Augen. Lass mich doch. Mir gefällt’s hier. Noch drei Jahre, und ich seh aus, wie ’n alter Apfel. Dann kann ich immer noch unterm Baum liegen. Ich steh so da und krieg ’ne unheimliche Wut. Bine links und rechts ’n paar kleben, dem Onkel mit ’m Kaminhaken eins über die Rübe, die ganze Bude in Klump hauen, die Gläser, die Fensterscheiben, rumbrüllen, dass die Scherben klirren, das wär jetzt fällig.

Plötzlich denk ich, Mann, den ganzen Scheiß muss ich mal irgendwo im Kino gesehen haben. Lieber lauf ich die ganze Nacht als noch drei Sekunden bleiben.

Ich reiß die Tür auf und raus, raus hier.

Bine hab ich sofort vergessen. Und ihr neuer Typ, so was ist für mich gestorben, aber das lebt.

*Schädlich, Hans Joachim: Apfel auf silberner Schale.*
*In: Ders.: Versuchte Nähe. Reinbek bei Hamburg 1972.*

---

1 LPG: landwirtschaftliche Produktionsgenossenschaft in der ehemaligen DDR
2 Datsche: (aus dem Russischen:) Sommerhaus





Fortsetzung auf Seite 45

**Aufgaben**

1. Notiere deinen ersten Eindruck von Bine.

______________________________________________

______________________________________________

______________________________________________

______________________________________________

______________________________________________

2. Schreibe eine Geschichte, die erzählt, wie Bine diesen Tag erlebt haben könnte.
   a) Lies dazu zunächst den folgenden Hinweis und fülle die Tabelle stichwortartig aus.

## Äußere und innere Handlung

Bei dem Begriff **Handlung** sind zwei Ebenen zu unterscheiden:
- Die **äußere Handlung** beschreibt das sichtbare Geschehen, den Ablauf von Vorgängen und Ereignissen, deren Ursachen und Folgen.
- Die **innere Handlung** spielt sich in den Gedanken und Gefühlen der Figuren ab. Deren innere Verfassung kann manchmal aber auch nur von außen, zum Beispiel aus Mimik, Gestik und Körperhaltung erschlossen werden.

| **Handlungsverlauf** | **Äußere Handlung:** der Ablauf des sichtbaren Geschehens | **Innere Handlung:** Bines mögliche Gedanken und Gefühle |
|---|---|---|
| Ausgangssituation | Bine und Freund verbringen Sonntag auf abgelegener Obstplantage; abends … | |
| Handlungsschritte:<br>1.<br><br>2.<br><br>3. | | |
| Handlungsergebnis | | |

   b) Schreibe die Kurzgeschichte aus Bines Sicht in der Ich-Form. Orientiere dich dabei an deinen Notizen aus Aufgabe 2 a.

# Aus der Perspektive von Figuren schreiben

**Aufgabe**

1. Lies die Geschichte und schildere deinen ersten Eindruck.

| Gedanken und Gefühle der Frau | *Kurt Marti*<br>**Happy end** | Gedanken und Gefühle des Mannes |
|---|---|---|
| | Sie umarmten sich und alles ist wieder gut.<br><br>Das Wort ENDE flimmert über ihrem Kuss. Das Kino ist aus.<br><br>Zornig schiebt er sich zum Ausgang, sein Weib bleibt im Gedrängel hilflos stecken, weit hinter ihm.<br><br>Er tritt auf die Straße und bleibt nicht stehen, er geht, ohne zu warten, er geht voll Zorn und die Nacht ist dunkel.<br><br>Atemlos, mit kleinen, verzweifelten Schritten holt sie ihn ein, holt ihn schließlich ein und keucht zum Erbarmen.<br><br>Eine Schande, sagt er im Gehen, eine Affenschande, wie du geheult hast.<br><br>Sie keucht. Mich nimmt nur wunder warum, sagt er, ich hasse das. Sie keucht noch immer.<br><br>Schweigend geht er und voll Wut, so eine Gans, denkt er, so eine blöde, blöde Gans und wie sie keucht in ihrem Fett.<br><br>Ich kann doch nichts dafür, sagt sie endlich, ich kann doch wirklich nichts dafür, es war so schön und wenn es schön ist, muss ich einfach heulen.<br><br>Schön, sagt er, dieser Mist, dieses Liebesgewinsel, das nennst du also schön, dir ist ja wirklich nicht zu helfen.<br><br>Sie schweigt und geht und keucht und denkt, was für ein Klotz von Mann, was für ein Klotz.<br><br>*Marti, Kurt: Happy End. In: Ders.: Neapel sehen. Erzählungen. Carl Hanser Verlag, München 1996.* | |





*Fortsetzung auf Seite 47*

## Aus der Perspektive von Figuren schreiben

**Aufgaben**

2. Versetze dich in die Lage der beiden und notiere stichwortartig, was ihnen durch den Kopf geht, wenn sie über ihren Ehepartner nachdenken. Ergänze auch eigene Einfälle. Schreibe in die Randspalten des Textes.

3. Erzähle die Geschichte nun einmal aus Sicht der Frau und einmal aus Sicht des Mannes. Schreibe in der Ich-Form. Du kannst die folgenden Anfänge weiterschreiben oder ganz selbstständig arbeiten.
**Tipp:** Du kannst für die Figuren Namen erfinden.

| **Die Frau hält den Vorfall in ihrem Tagebuch fest.** | **Der Mann erzählt in der Kneipe von dem Vorfall.** |
|---|---|
| Der Tag gestern begann so schön. Erwin hatte versprochen, mit mir ins Kino zu gehen. Und dann auch noch in … | Ich verstehe die Frauen einfach nicht. Gestern war ich mit Lotte im Kino. Eigentlich hatte ich keine Lust, denn sie wollte ausgerechnet … sehen … |

4. Lest euch eure Texte gegenseitig vor und besprecht, wie ihr euch die unterschiedlichen Reaktionen auf den Film erklärt. Geht dabei auch auf die Bedeutung der Überschrift „Happy End“ ein.

# Fragen an eine Kurzgeschichte stellen und sie weiterschreiben

*Tanja Zimmermann*
**Eifersucht**

Diese Tussi! Denkt wohl, sie wäre die Schönste. Juhu, die Dauerwelle wächst schon raus. Und diese Stiefelchen von ihr sind auch zu albern. Außerdem hat sie sowieso keine Ahnung. Von nix und wieder nix hat die 'ne Ahnung.
Immer, wenn sie ihn sieht, schmeißt sie die Haare zurück wie 'ne Filmdiva.
Das sieht doch ein Blinder, was die für 'ne Show abzieht. Ja, O.K., sie kann ganz gut tanzen. Besser als ich. Zugegeben. Hat auch `ne ganz gute Stimme, schöne Augen, aber dieses ständige Getue. Die geht einem ja schon nach fünf Minuten auf die Nerven. Und der redet mit der … stundenlang. Extra nicht hingucken. Nee, jetzt legt er auch noch den Arm um die. Ich will hier weg! Aber aufstehen und gehen, das könnte der so passen. Damit die ihren Triumph hat.
Auf dem Klo sehe ich den Spiegel, finde meine Augen widerlich, und auch sonst, ich könnte kotzen. Genau, ich müsste jetzt in Ohnmacht fallen, dann wird ihm das schon leidtun, sich stundenlang mit der zu unterhalten.
Als ich aus dem Klo komme, steht er da: „Sollen wir gehen?“
Ich versuche es betont gleichgültig mit einem Wenn-du-Willst, kann gar nicht sagen, wie froh ich bin. An der Tür frage ich, was denn mit Kirsten ist. „O Gott, eine Nervtante, nee, vielen Dank!“ …
„Och, ich find die ganz nett, eigentlich“, murmel ich.

*Zimmermann, Tanja: Eifersucht. In: Total verknallt. Rowohlt Verlag, Reinbek bei Hamburg 1984.*

**Aufgaben**

1. Tauscht euch über euren ersten Eindruck aus und haltet in Frageform fest, was euch am Verhalten der Figuren rätselhaft oder widersprüchlich erscheint.

   *Warum sagt die Ich-Erzählerin am Ende das Gegenteil von dem, was sie vorher dachte?*

   - ____________________
   - ____________________
   - ____________________
   - ____________________

2. Im Original endet die Geschichte wie oben abgedruckt. Setze die Handlung in deinem Heft um einige Sätze fort. Nimm dabei deine Fragen aus Aufgabe 1 zur Hilfe.
   Achtung: Orientiere dich in deiner Fortsetzung sprachlich am Ausgangstext.

3. Lest euch eure Texte gegenseitig vor und besprecht, ob ihr Antworten auf die Fragen erhaltet, die ihr in Aufgabe 1 gestellt habt.

# Als das Klingel telefonte – Paralleltexte schreiben

## Als das Klingel telefonte

Als das Klingel telefonte, treppte ich die Rannte runter und türte gegen die Bums. Ich hörte den Nehmer ab. Am anderen Ende christinte sich Melder. Sie geburtstagte mir einen guten zum Wünsch. Danach eisdielten wir uns in der Verabrede, ich begann, mein Such zu gelden. Es würde mir reichen, da mir Geschenk 10 Euro zum Geburtstag geonkelt albertet hatte. Ich jackte meinen Nahm und hutete meinen Setz auf. Ich fahrradete mein Hol aus dem Keller. Meine Rief mutterte mir nach, ich solle auf den Paß verkehren. Doch schon als ich um die nächste Biege eckte, lastwagte mir ein Kam entgegen. Vor Schreck straßgrabte ich in den Fuhr, ich kopfte auf Land. Dabei muss sich irgendwas in meinem Verdreh gehirnt …

*Als das Klingel telefonte. Aus: http://www.mazda-forum.info/witze/17626-als-das-Klingel-telefonte.html*

**Aufgaben**

1. Erkläre, warum der Text lustig wirkt.
   **Tipp:** Es hat mit den Wortarten Verb und Nomen zu tun.

___

___

2. Schreibe den Text nun richtig in dein Heft.

3. Verändere den nachfolgenden Text nach dem Vorbild von „Als das Klingel telefonte".

   Vater kam nach Hause, öffnete den Kühlschrank und nahm die Milchtüte heraus. Dann schenkte er sich ein Glas Milch ein und trank es auf einen Zug aus. Danach schaltete er den Fernseher an und schaute sich die Nachrichten an. Mutter deckte den Tisch und rief alle zum Essen.

___

___

___

___

4. Schreibe eigene Texte, die genauso funktionieren. Ideen findest du in den Kästchen.

- Mit Papa beim Fußball
- Mein erster Schultag
- Mama geht mit mir ins Schwimmbad.
- Mit meiner besten Freundin beim Shoppen
- Neulich im Sportunterricht
- An meinem letzten Geburtstag
- Auf der Klassenfahrt

# Eine Moritat erzählen

*Moritaten sind besonders schaurige und sensationelle Geschichten, bei denen die auftretenden Figuren wie auf einer Theaterbühne miteinander reden. Die Moritat endet wie die Fabel mit einer Lehre. Moritaten wurden früher von einem Leierkastenspieler begleitet auf Marktplätzen präsentiert. Der Moritatenerzähler zeigte, während er erzählte, auf Bilder, die seine schaurige Geschichte illustrierten. Die Zuhörer konnten sich das erzählte Geschehen dann noch besser vorstellen.*

akg-images

**Aufgaben**

1. Hier siehst du eine so genannte Moritatentafel. Schau dir die Bilder genau an und erzähle das „gar traurige Ende eines braven Waidmannes" möglichst schaurig und spannend.

2. Male eine eigene Moritatentafel zu einem schrecklichen Ereignis aus den Fernsehnachrichten und erzähle dazu die Moritat.

# Darf's ein bisschen kürzer sein? – Postkartengeschichten schreiben

*In der Sammlung „Postcard Stories“ sind ganz besondere Geschichten versammelt: Alle Texte müssen auf einer Postkarte Platz finden. Geht das? Und was für Geschichten sind das?*

*Root Leeb*
**Seitenblick**

Sie war sehr kurzsichtig und musste Kontaktlinsen tragen, um mit der Welt in Verbindung treten zu können. Eines Tages, als sie mit ihrem Mann beim Frühstück saß, spürte sie einen heftigen Schmerz im rechten Auge, wie von einem Fremdkörper. Sie nahm ihre Linse heraus, warf dabei einen Seitenblick auf ihren Mann, der derartige Aktionen bei Tisch nicht leiden konnte – und erstarrte. Anstelle ihres Mannes saß ein freundlich lächelnder Unbekannter. Verwirrt setzte sie die Linse wieder ein. Ihr Mann beäugte sie argwöhnisch. „Ist etwas?“ „Nein, nein!“, versicherte sie. Sie wartete, bis er sich seiner Zeitung widmete, und nahm die linke Kontaktlinse heraus. Wieder lächelte der fremde Mann sie an. Als sie die Linse wieder einsetzte, knurrte ihr Mann, ob sie denn heute mit der Fummelei überhaupt nicht mehr fertig würde. Sie beschloss, ihm nichts zu verraten.
An diesem Tag und in der folgenden Zeit machte sie noch viele Versuche, und als der Unbekannte ihr vertraut geworden war und sie begonnen hatte, ihn zu lieben, warf sie kurz entschlossen ihre Kontaktlinsen in den Müll und begann mit dem freundlichen Mann ein neues Leben.

*Root Leeb: Seitenblick. In: Postcard stories. Hg. v. Norbert Treuheit. ars vivendi GmbH, Cadolzburg 2005.*



**Aufgaben**

1. Welche erzählerischen Tricks wendet die Autorin an, um so eine kurze Geschichte zustande zu bringen? Notiere.

2. Finde noch weitere Möglichkeiten, wie eine interessante, aber dennoch postkartenkurze Geschichte formuliert oder aufgebaut sein könnte.

3. Formuliere selber eine Postcard Story in deinem Heft.

# Eine Vorgeschichte zu einem Kinderbuch schreiben

**Aufgabe**

1. Lies den Anfang des Kinderbuchs „Rico, Oskar und die Tieferschatten".
   Markiere dabei alle Textstellen, in denen es direkt um die Nudel geht, die Rico findet.

*Andreas Steinhöfel*
**Rico, Oskar und die Tieferschatten**

Die Nudel lag auf dem Gehsteig. Sie war dick und geriffelt, mit einem Loch drin von vorn bis hinten. Etwas getrocknete Käsesoße und Dreck klebten dran. Ich hob sie auf, wischte den Dreck ab und guckte an der alten Fensterfront der Dieffe 93 rauf in den Sommerhimmel. Keine Wolken und vor allem keine von diesen weißen Düsenstreifen. Außerdem, überlegte ich, kann man Flugzeugfenster nicht aufmachen, um Essen rauszuwerfen.

Ich ließ mich ins Haus ein, zischte durch das gelb getünchte Treppenhaus rauf in den Dritten und klingelte bei Frau Dahling. Sie trug große bunte Lockenwickler im Haar, wie jeden Samstag.

„Könnte 'ne Rigatoni sein. Die Soße ist auf jeden Fall Gorgonzola", stellte sie fest. „Lieb von dir, mir die Nudel zu bringen, Schätzchen, aber ich hab sie nicht aus dem Fenster geworfen. Frag mal Fitzke."

Sie grinste mich an, tippte sich mit dem Finger an den Kopf und verdrehte die Augen nach oben. Fitzke wohnt im Vierten. Ich kann ihn nicht leiden und eigentlich glaubte ich auch nicht, dass die Nudel ihm gehörte. Frau Dahling war meine erste Wahl gewesen, weil sie öfters mal was aus dem Fenster wirft, letzten Winter zum Beispiel den Fernsehapparat. Fünf Minuten später schmiss sie auch noch ihren Mann raus, den allerdings nur aus der Wohnung. Danach kam sie zu uns, und Mama musste ihr ein Schlückchen Gutes einschenken.

„Er hat eine Geliebte!", hatte Frau Dahling verzweifelt erklärt. „Wenn die blöde Kuh wenigstens jünger wäre als ich! Schenken Sie mal nach!"

Weil die Glotze jetzt im Eimer und der Mann weg war, hatte sie sich am nächsten Tag zum Trost einen todschicken Flachbild-Fernseher und einen DVD-Player gekauft. Seitdem gucken wir uns zusammen manchmal einen Liebesfilm an oder Krimis, aber nur an den Wochenenden, wenn Frau Dahling ausschlafen kann. Unter der Woche steht sie bei Karstadt am Hermannplatz hinter der Fleischtheke. Sie hat immer ganz rote Hände, so kalt ist es da.

Während des Fernsehens essen wir Müffelchen mit Wurst und Ei oder Lachs. Bei Liebesfilmen schnieft Frau Dahling mindestens zehn Tempos voll, aber am

Schluss schimpft sie dann immer los, von wegen, nun hätten der Kerl und die Frau sich also gekriegt und jetzt ginge das Elend erst richtig los, aber das würden die natürlich nie zeigen in den Filmen, so ein total verlogener Scheiß – noch ein Müffelchen, Rico?

„Bleibt es bei heute Abend?", rief Frau Dahling mir nach, als ich rauf in den Vierten rannte, immer zwei Stufen auf einmal.

„Klar!"

Ihre Tür schlug zu und ich klopfte bei Fitzke. Man muss immer bei Fitzke klopfen, seine Klingel ist nämlich kaputt, vermutlich schon seit 1910, als das Haus gebaut wurde.

Warten, warten, warten.

Schlurf, schlurf, schlurf hinter der dicken Altbautür.

Dann endlich Fitzke in Person, wie üblich in seinem dunkelblauen Schlafanzug mit den grauen Längsstreifen. Sein Knittergesicht war voller Bartstoppeln und in alle Richtungen standen ihm die strähnigen grauen Haare vom Kopf ab.

Echt, so was Ungepflegtes!

Ein dumpfer, muffiger Geruch schlug mir entgegen. Wer weiß, was der Fitzke da drin lagert. In seiner Wohnung, meine ich jetzt, nicht in seinem Kopf. Ich versuchte, unauffällig an ihm vorbei zu gucken, aber er versperrte die Sicht. Mit Absicht! Ich war schon



 Fortsetzung auf Seite 53

in jeder Wohnung im Haus, nur in Fitzkes nicht. Er lässt mich nicht rein, weil er mich nicht leiden kann. „Ah, der kleine Schwachkopf", knurrte er.

Ich sollte an dieser Stelle wohl erklären, dass ich Rico heiße und ein tiefbegabtes Kind bin. Das bedeutet, ich kann zwar sehr viel denken, aber das dauert meistens etwas länger als bei anderen Leuten. An meinem Gehirn liegt es nicht, das ist ganz normal groß. Aber manchmal fallen ein paar Sachen raus, und leider weiß ich vorher nie, an welcher Stelle. Außerdem kann ich mich nicht immer gut konzentrieren, wenn ich etwas erzähle. Meistens verliere ich dann den roten Faden, jedenfalls glaube ich, dass er rot ist, er könnte aber auch grün oder blau sein, und genau das ist das Problem.

In meinem Kopf geht es manchmal so durcheinander wie in einer Bingotrommel. Bingo spiele ich jeden Dienstag mit Mama im Rentnerclub Graue Hummeln. Die Hummeln haben sich in den Gemeinderäumen der Kirche eingemietet. Ich hab keine Ahnung, warum Mama so gern dorthin geht, da treiben sich nämlich wirklich fast nur Rentner herum. Manche gehen, glaube ich, nie nach Hause, denn sie haben jeden Dienstag dieselben Klamotten an, so wie der Fitzke seinen einzigen Schlafanzug, und ein paar von ihnen riechen komisch. Vielleicht findet Mama es einfach nur toll, dass sie beim Bingo so oft gewinnt. Jedes Mal strahlt sie, wenn sie auf die Bühne geht und zum Beispiel so eine billige Plastikhandtasche abholt – eigentlich sind es fast immer billige Plastikhandtaschen.

Die Rentner kriegen das selten mit, viele von denen pennen nämlich irgendwann über ihren Bingo-Kärtchen ein oder sind sonst wie nicht richtig bei der Sache. Erst vor ein paar Wochen saß einer von ihnen ganz ruhig am Tisch, bis die letzten Zahlen durch waren. Als die anderen gingen, stand er nicht auf, und als schließlich die Putzfrau ihn zu wecken versuchte, war er tot. Mama hat dann noch überlegt, ob er vielleicht schon den Dienstag zuvor gestorben war. Mir war er auch nicht aufgefallen.

„Tach, Herr Fitzke", sagte ich, „ich hoffe, ich habe Sie nicht geweckt."

Fitzke sieht noch älter aus als der Rentner, den es beim Bingo erwischt hat. Und echt schmuddelig. Angeblich lebt er selber auch nicht mehr lange, deshalb trägt er immer nur seinen Schlafanzug, sogar zum Einkaufen bei Edeka. Falls er mal aus den Latschen kippt, hat er dann immerhin gleich die passenden Klamotten an. Seit er klein war, habe er es schon am Herzen, hat Fitzke mal zu Frau Dahling gesagt, deshalb käme er total schnell aus der Puste und irgendwann dann Päng! Ich finde, auch wenn er bald stirbt, könnte er sich ruhig ordentlich anziehen oder wenigstens ab und zu den Schlafanzug waschen, zum Beispiel an Weihnachten. Ich würde jedenfalls nicht gern zusammengebrochen bei Edeka vor der Käsetheke liegen und total eklig riechen, obwohl ich erst seit einer Minute tot bin.

Fitzke stierte mich nur an, also hielt ich ihm die Nudel unter die Nase. „Ist das Ihre?"

„Woher hast du die?"

„Gehsteig. Frau Dahling meint, es könnte eine Rigatoni sein. Die Soße ist jedenfalls Gorgonzola."

„Lag die da nur so", fragte er misstrauisch, „oder lag sie in irgendwas drin?"

„Wer?"

„Kauf dir mal ein Gehirn! Die Nudel, du Schwachkopf!"

„Wie war noch mal die Frage?"

Fitzke verdrehte die Augen. Gleich würde er platzen. „Ob sie da nur so lag auf dem Gehsteig, deine beknackte Nudel, oder in irgendwas drin! Hundekacke, weißt schon."

„Nur so", sagte ich.

„Dann zeig mal genauer."

Er nahm mir die Nudel ab und drehte sie zwischen den Fingern. Dann steckte er sie sich – meine Fundnudel! – in den Mund und schluckte sie runter. Ohne zu kauen.

*Steinhöfel, Andreas: Rico, Oskar und die Tieferschatten. Carlsen Verlag GmbH, Hamburg 2011.*



**Aufgabe**

2. Woher stammt denn nun die Nudel? Schreibe eine Vorgeschichte, bis zu dem Punkt, an dem Rico die Nudel auf dem Gehsteig findet. Arbeite in deinem Heft.
Du kannst dabei auf die Figuren aus dem Textausschnitt zurückgreifen (schließlich könnten Frau Dahling oder Herr Fitzke auch gelogen haben) oder eine ganz eigene Geschichte erfinden.
**Tipp:** Erzähle die Geschichte aus der Perspektive der Nudel in der Ich-Form.

# Twitteratur verfassen

*So funktioniert Twitter: Du meldest dich bei Twitter an, schreibst einen Tweet, eine Nachricht von maximal 140 Zeichen, und jeder, der deine Tweets abonniert hat und ebenfalls bei Twitter angemeldet ist, empfängt deine Kurznachrichten. Du bekommst also immer wieder kleinste Meldungen von Personen, von denen du glaubst, sie hätten Interessantes zu sagen:*

Ach du lieber Gott! Ein Sturm! Wir sinken! Halt, einen Moment noch! Tolle Idee: Wenn ich überlebe, bin ich Gott für immer treu.

Jetzt mache ich erst mal eine Pro-und-Contra-Liste über die Insel. Pro: Ich bin nicht tot. Contra: Aber so gut wie.

Unglaublich: Alles, was man zum Überleben auf einer Insel je brauchen KÖNNTE, war auf dem Schiff. Gewehre, Essen, Bücher, einfach alles.

Und wenn es hier Kannibalen gibt? Nein, vermutlich nicht. Und wenn doch? Ach was, nie im Leben. SCHEISSE, EIN FUSSABDRUCK. MENSCHENFRESSER!

Hab nen Kannibalen gerettet. Nenne ihn Freitag, weil ich nach all der Zeit noch weiß, was für ein Tag ist, und mir nichts Besseres einfällt.



*Alexander Aciman, Emmett, Rensin: twitteratur. Weltliteratur in 140 Zeichen. Aus dem Englischen von Helmut Dierlamm, Anne Emmert, Ursula Held, Elsbeth Ranke, Wolfram Ströle und Violeta Topalova. Sanssouci im Carl Hanser Verlag München 2011, S. 83.*

**Aufgaben**

1. Die abgedruckten Tweets wurden nach der Handlung eines berühmten Romans abgefasst. Besprecht in der Klasse, um welchen Roman es sich handelt und um was es in diesem Roman geht.

2. Handlungen der hohen Literatur durch Twitter-Einträge ersetzen – da ist natürlich auch Witz im Spiel. Markiere Stellen in den Tweets, in denen das deutlich wird.

3. Diskutiert, wie eurer Meinung nach ein Twitter-Roman aussehen müsste. Wo liegen seine Stärken und Schwächen?

4. Informiert euch in der Schulbibliothek oder im Internet über einen der folgenden Texte und erzählt seinen Inhalt als Twitter-Roman. Ihr könnt in Kleingruppen zusammenarbeiten.
   - Robert Louis Stevenson: Die Schatzinsel
   - Herman Melville: Moby Dick
   - Mark Twain: Tom Sawyer

   **Tipp:** Legt eine maximale Anzahl, zum Beispiel 20 Tweets, fest und verteilt die wesentlichen Inhalte auf die einzelnen Tweets, bevor ihr sie ausformuliert.

# Puppengeschichte – ein Gedicht in eine Erzählung umschreiben

*Robert Gernhardt*
**Puppengeschichte**

Die Puppe hält den Kopf gesenkt und denkt:

„Wie ist das denn? Wie war das noch?
Da ist doch was, ich wollte doch …
Moment mal! Hatt' ich nicht vor Wochen –
ja, wem denn nun? – ganz fest versprochen,
ein großes Essen zu bereiten,
und sagt' ich nicht: Kommt doch am zweiten
September abends hier vorbei,
da gibt es Huhn und Haferbrei
und jede Menge – aber Leute!
Heut ist ja Donnerstag, der Zweite!
Und ich hab alles glatt vergessen!
Hab nichts gekocht, hab nichts zum Essen,
weiß nicht einmal, wer kommen wird –
doch halt! Vielleicht hab ich geirrt,
vielleicht hab ich noch sehr viel Zeit,
und meine Gäste sind noch weit …
Vielleicht sind sie jedoch schon hier und
stehen draußen vor der Tür …?"

Vielleicht, vielleicht, vielleicht, vielleicht –
ob wohl die Zeit zum Kochen reicht?

*Gernhardt, Robert u. Gernhardt, Almut: Die Puppe hält den Kopf gesenkt. In: Dies.: Ein gutes Wort ist nie verschenkt. Gedichte und Geschichten für Kinder. S. Fischer Verlag GmbH, Frankfurt a. M. 2010², S. 12.*



**Aufgaben**

1. Formuliere das Gedicht zum Anfang einer Erzählung um.
Beschreibe in der Ich-Form, was der Puppe bis zu Vers 19 durch den Kopf geht.

______________________________________________

______________________________________________

______________________________________________

______________________________________________

______________________________________________

______________________________________________

2. Erzähle die Geschichte nun in deinem Heft weiter. Gehe so vor:
   - Notiere Stichworte für den Hauptteil und das Ende deiner Geschichte.
   - Führe deine Geschichte dann aus. Schreibe mit Hilfe von Adjektiven möglichst anschaulich und lasse vorkommende Figuren auch in der direkten Rede sprechen.

# Beste Geschichte meines Lebens – eine Geschichte wiederherstellen

*Wolfdietrich Schnurre*
**Beste Geschichte meines Lebens**

Beste Geschichte meines Lebens. Anderthalb Maschinenseiten vielleicht. Autor vergessen, in der Zeitung gelesen. Zwei Schwerkranke im selben Zimmer. Einer an der Türe liegend, einer am Fenster. Nur der am Fenster kann hinaussehen. Der andere hatte keinen größeren Wunsch, als das Fensterbett zu erhalten. Der am Fenster leidet darunter. Um den anderen zu entschädigen, erzählt er ihm täglich stundenlang, was draußen zu sehen ist, was draußen passiert. Eines Nachts bekommt er einen Erstickungsanfall. Der an der Tür könnte die Schwester rufen. Unterlässt es: denkt an das Bett. Am Morgen ist der andre tot; erstickt. Sein Fensterbett wird geräumt; der bisher an der Tür lag, erhält es. Sein Wunsch ist in Erfüllung gegangen. Gierig, erwartungsvoll wendet er das Gesicht zum Fenster.
Nichts; nur eine Mauer.

*Schnurre, Wolfdietrich: Beste Geschichte meines Lebens. In: 112 einseitige Geschichten. Hg. v. Franz Hohler, Sammlung Luchterhand, München 2007², S. 40.*

**Aufgaben**

1. Stelle die Geschichte wieder her, die der Erzähler in der Zeitung gelesen hat.
   a) Notiere Stichworte zu den folgenden Fragen:
      - Wie könnte das Krankenzimmer aussehen?
      - Was könnte der Patient am Fenster seinem Zimmergenossen zum Beispiel erzählen?
      - Welche Gedanken gehen dem Kranken durch den Kopf, als er am Ziel seiner Wünsche nur eine Mauer sieht?
   b) Schreibe die Geschichte, so wie sie in der Zeitung gestanden haben könnte, in dein Heft. Achte dabei darauf, dass du dich ungefähr an den im Text genannten Umfang hältst.

2. Ein neuer Patient wird in das Zimmer gelegt. Wie reagiert der „alte Patient“, der ja jetzt am Fenster liegt?
   Schreibe deine Geschichte aus Aufgabe 1 um einige Sätze weiter.

3. Mit welchem der drei Bilder auf dieser Seite würdest du die Geschichte illustrieren? Begründe deine Wahl.

# Fantastische Geschichten ergänzen und schreiben

*Wolfgang Bächler*
**Stadtbesetzung**

________________________ belagern die Stadt, haben sie lautlos umzingelt. Längst haben sie Vorposten an die Einfallstraßen gestellt. Spähtrupps, Vorhuten, Fünfte Kolonnen[1] bis in den Stadtkern geschickt. Jetzt dringen sie nachts in die Vororte ein, schlagen sie Breschen in Villenviertel, stoßen an die Ufer des Flusses, die Böschungen der Kanäle vor und säumen alle Gewässer ein.

____________ sperren die Straßen ab, gliedern die ____________ ein, schließen zu dichteren Reihen auf, marschieren im Gleichschritt weiter. ____________ und ____________ befreien Gefangene in den Gärten und Parks, Friedhöfen und Hinterhöfen. ____________ und ____________ besetzen die Kreuzungen, Knotenpunkte, die großen Plätze, verbrüdern, verschwistern sich mit den ____________, ____________, ____________, sprengen die Ketten parkender Autos, drängen die Baumaschinen, Bauzäune, Grundmauern, Gerüste, Geländer zurück, schlagen ____________ in Gruben und Gräben.

____________ umstellen die Amtsgebäude, das Rathaus, den Rundfunk, den Bahnhof, die Polizeiinspektionen, Gerichte, Gefängnis, das Arbeits- und das Finanzamt. Die ____________ hat die Kaserne erreicht, verteilt sich um die Gebäude. ____________ füllen die Lücken, schreiten durchs Tor in den Hof. Machtlos klettern die Wachen mit ihren Gewehren die Äste hinauf in die Kronen, sehen vor lauter ____________ die Stadt nicht mehr.

Geräuschlos, kampflos, ohne Verluste, haben die ____________ die Stadt besetzt, erobern sie Heimatboden zurück, besiegen sie Steine, Stahl und Beton, verdrängen Verdrängte ihre Verdränger.

*Bächler, Wolfgang: Stadtbesetzung. Prosa. S. Fischer Verlag GmbH, Frankfurt a. M. 1998.*

1 Fünfte Kolonnen: (aus dem Spanischen Bürgerkrieg, 1936–39) feindliche Gruppe im Inneren eines Landes

**Aufgaben**

1. Fülle die Lücken im Text aus. Wer oder was könnte die Stadt besetzen?
2. Vergleicht eure Texte untereinander. Hattet ihr ganz verschiedene Ideen?
3. Vergleiche deinen Text mit dem Original im Lösungsteil.
4. Wolfgang Bächlers Text enthält eine Lehre. Erkläre sie mit eigenen Worten in deinem Heft.
5. Lasse dich von „Stadtbesetzung“ zu einer fantastischen Geschichte über den Aufstand der Dinge inspirieren. Was geschieht, wenn sich zum Beispiel technische Geräte, Möbel oder Spielsachen erheben? Schreibe einen Paralleltext zu „Stadtbesetzung“.

# Wo die Welt am schönsten ist – Kitsch schreiben

*Peter Stamm ist eigentlich ein hoch geachteter Autor aus der Schweiz. Zum Spaß hat er aber auch Texte geschrieben, die andere nur furchtbar finden: Kitschromane, wie sie in sogenannten Groschenheften zu lesen sind.*

**Liebe zwischen Tal und Gipfel**
aus der Reihe: Erna, die schöne Krankenschwester – Lieben und Leiden einer edlen Dulderin

Seit Stunden irrte die schöne Krankenschwester Erna durch den oberengadiner Hochwald. Bis Finstermünz hatte der willige Postbus in kurviger Fahrt sie gebracht, und sie war mit manchem preisgegebenen Erlebnis die Freude der fröhlichen Fahrgemeinschaft von bunten Hochgebirgsoriginalen gewesen. Aber an der massivhölzernen Haltestelle hatte Friedel Lustig, der gute Geist von Klinik Wolfsschlucht nicht wie abgemacht gewartet. Erna hatte sich für ein Stündlein die Füße in ihren straffen Bauch gestanden, dann hatte der rege Krankenengel nicht länger gefackelt und den schweren Weg auf seine eigenen, fraulichen Schultern genommen. Die lustige Inzingerwirtin hatte ihr bei einer schinkernen Jause den Weg genau beschrieben. „Immer aufi", hatte die rührige Mitfünfzigerin gefrotzelt, „bis'd den Schmalzkogel siehst. Dann is' nimmer weit."
Doch schwere Flocken senkten sich auf die schroffe Gebirgslandschaft sowie Ernens Scheitel, und es war nicht daran zu denken, den Schmalzkogel irgendwo zu sehen. Erna war froh, wenn sie ihre eigenen, zierlichen Füße noch sah, die sie bedächtig aber ausdauernd in die flaumige Pulverdecke pflanzte. Über Bock und Stein führte der schmale Weg, durch pittoreske Schluchten und dunkle Waldwüchse, vorbei an so mancher trutzigen Wettertanne. Süßer Schweiß rann von Ernas weißer Stirn, die kein böser Gedanke jemals durchquert hatte.
[…] Aber da hörte sie ein unheimliches Heulen. Dies ist nicht der Wind, dachte Erna. Und wirklich: hinter der nächsten Tanne angekommen, starrte sie in die blutunterlaufenen Augen eines riesigen Wolfes zwischen dessen messerscharfen Zähnen noch die Speisereste seines letzten Opfers klemmten.
„Uhuuu", sagte der Wolf, und sein stinkender Atem fuhr dampfend in Ernas schönes Gesicht. Mit letzter Kraft hauchte sie „Hülfe!" in die kalte Winternacht. Dann sank sie ohnmächtig darnieder.
Als sie ihre rehblauen Augen wieder öffnete, blendete sie ein Kronleuchter von nie gesehener Schönheit.

*http://www.peterstamm.ch/index.php?n=12&s=37&p=97*





*Fortsetzung auf Seite 59*

## Wo die Welt am schönsten ist – Kitsch schreiben

**Aufgaben**

1. Vielleicht gefällt dir dieser Text, vielleicht meinst du, Groschenromane müssten sich so lesen. Dennoch ist der Text vom Autor als Witz gemeint. Erkläre, woran man das merkt.

2. Lies die kurze Definitionen zu „Kitsch" und markiere Textteile, die dieser Definition entsprechen.

**Kitsch**

Gemeint ist mit Kitsch eine Kunst, die in Wirklichkeit gar keine ist, also nur eine Art Scheinkunst. Der Kitsch zeichnet sich durch seine Geschmacklosigkeit aus. Er übertreibt Situationen und Gefühlslagen und verwendet abgegriffene sprachliche Bilder und tausendfach wiederholte Formulierungen. Er ahmt „echte" Literatur auf schlechte Weise nach. Dabei ist er oft unzeitgemäß, z. B. zu idyllisch oder zu romantisch. Die Figuren sind oberflächlich und klischeehaft gezeichnet. Ein Happy End ist vorprogrammiert.

3. Wie geht es mit der armen Erna wohl weiter?
   a) Skizziere den Handlungsverlauf.

   b) Schreibe eine Fortsetzung in deinem Heft.

# Ein Märchen zu einem Bild erfinden

*John Bauer war ein berühmter schwedischer Märchenillustrator, das heißt, er hat Bilder zu vorhandenen Märchen gemalt. Seine Bilder haben umgekehrt aber auch zu neuen Märchen geführt. Manche Schriftsteller waren so begeistert von seinen Bildern, dass sie ausgehend von den Bildern neue Märchen erfanden.*

**Aufgaben**

1. Betrachte das Bild genau und überlege dir:
   - Wie ist es zu dieser Situation gekommen?
   - Was wird weiter geschehen?

   Notiere Stichworte zu diesen Fragen in deinem Heft.

2. Erzähle das Märchen zu dem Bild in deinem Heft.

# Eine Geschichte zu einem Bild erfinden

*Carl Larsson war ein schwedischer Maler. Hier hat er festgehalten, wie er versucht, die Kuh Blomma zu malen:*

CV Archiv



**Aufgaben**

1. Notiere Stichworte dazu, was die Kuh Blomma, Johanna und der Maler Carl gerade denken.

Blomma: ______________________________

______________________________

______________________________

Johanna: ______________________________

______________________________

______________________________

Carl: ______________________________

______________________________

______________________________

2. Erzähle die Begebenheit nun ausführlich aus der Sicht einer der drei Figuren.
   Schreibe in der Ich-Form. Arbeite in deinem Heft.
   **Tipp:** Überlege, was die Figur denkt, fühlt, wünscht.

# Zu einer Bildergeschichte schreiben

Aufgaben

1. Bringe die einzelnen Bilder in eine sinnvolle Reihenfolge, indem du sie nummerierst.

2. Beschreibe deinem Banknachbarn möglichst genau, was in jedem einzelnen Bild zu sehen ist.



*Fortsetzung auf Seite 63*

*Fortsetzung von Seite 62*

## Zu einer Bildergeschichte schreiben

**Aufgabe**

3. Schreibe nun eine anschauliche Erzählung zu den Bildern. Gehe so vor:
   - Lege einen Schreibplan an. Notiere zuerst Stichworte zur Ausgangssituation und zum Hauptteil.
   - Finde einen passenden Titel und schreibe ihn in die oberste Tabellenzeile.
   - Notiere in der letzten Tabellenzeile eine Moral der Geschichte.

| | |
|---|---|
| **Titel** | |
| **Ausgangssituation**<br><br>Wer?<br><br>Wo?<br><br>Wann?<br><br>Wie? | |
| **Hauptteil**<br><br>Welches Problem taucht auf?<br><br>Lösungsversuch<br><br>Höhepunkt | |
| **Schluss/Moral** | |

- Schreibe nun die Erzählung in dein Heft. Wähle als Zeitform das Präteritum.
  Lass die Figuren miteinander reden, verdeutliche aber auch ihre Gedanken und Gefühle.

# Mündlich zu einem Comic und von einem Erlebnis erzählen

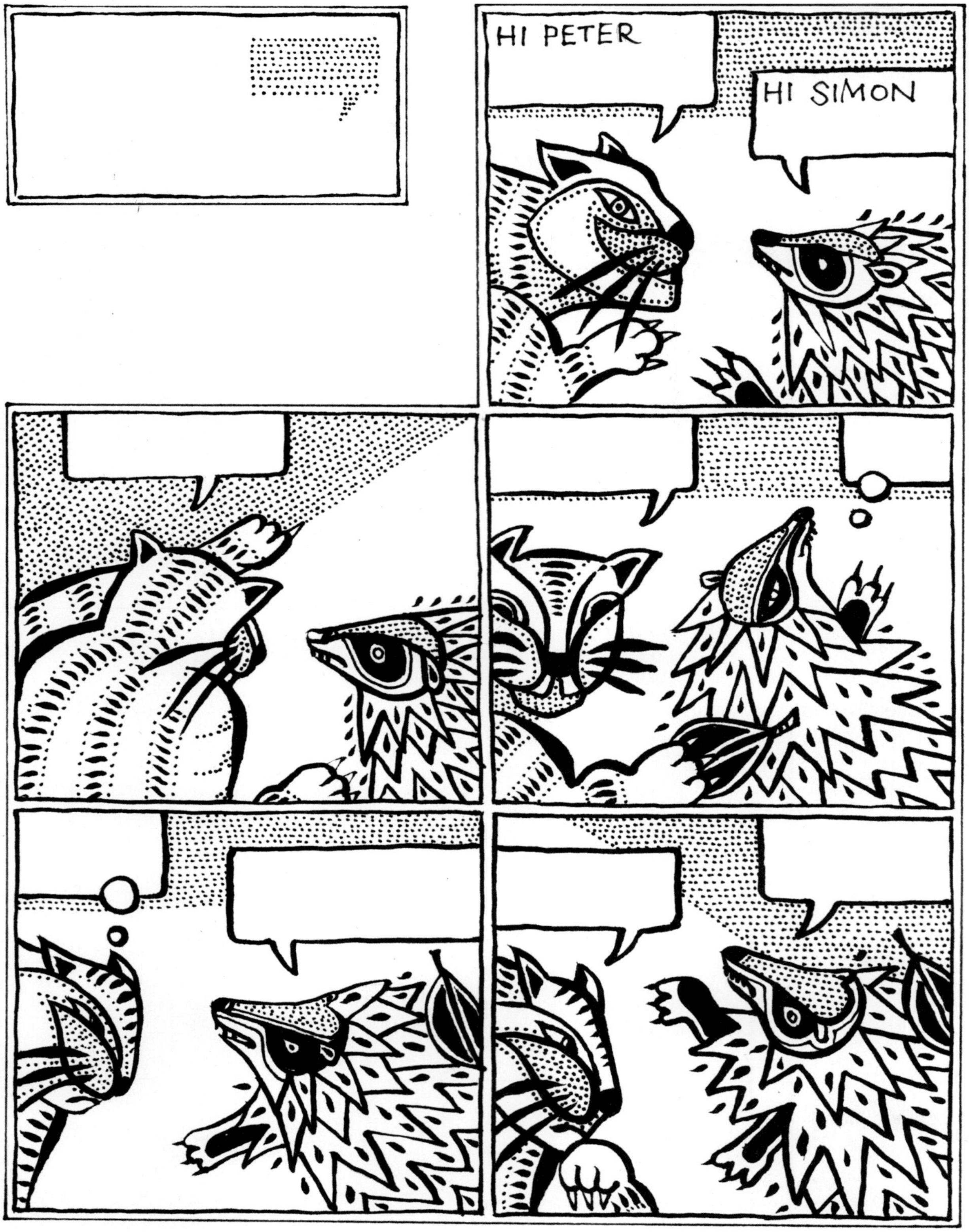




**Aufgabe**

1. Was könnte Simon im zweiten Bild sagen? Fülle diese Sprechblase aus.



*Fortsetzung auf Seite 65*

*Fortsetzung von Seite 64*

## Mündlich zu einem Comic und von einem Erlebnis erzählen

**Aufgaben**

2. Ergründe nun die Gedanken und Gefühle von Simon.
   a) Was geht wohl in Simons Kopf vor? Schreibe in die mittlere Tabellenspalte, was er in den Bildern 2 bis 5 denkt.
   b) Simons Körperhaltung verrät auch etwas darüber, wie er sich fühlt. Beschreibe Simons Gefühle in der rechten Tabellenspalte jeweils mit einem passenden Adjektiv.

| | Simons Gedanken | Simons Gefühle |
|---|---|---|
| Bild 2 | | |
| Bild 3 | | |
| Bild 4 | | |
| Bild 5 | | |

3. Fülle nun die übrigen Sprech- und Denkblasen auf Seite 64 aus.

4. Erzähle die Geschichte nun mündlich so spannend wie möglich. Der Comic und die Aufgaben 1 bis 3 helfen dir dabei.

5. Erzähle mündlich von einem eigenen Erlebnis mit einer Freundin/einem Freund, das dich entweder geärgert oder sehr froh gemacht hat. Gehe so vor:
   - Notiere in Stichpunkten, woran du dich erinnerst. Ergänze dazu den Cluster.

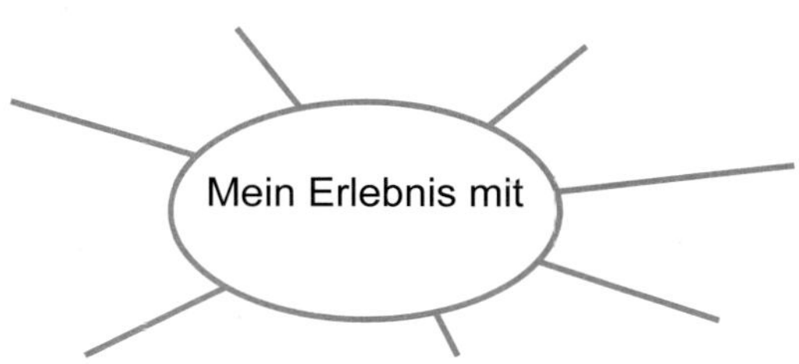


   - Ordne deine Ideen so, dass deine Geschichte für deine Zuhörer gut nachvollziehbar wird. Denke an eine Einleitung, die in die Situation einführt, und an einen passenden Schluss.
   - Übe das Erzählen deiner Geschichte gemeinsam mit einem Partner und trage sie schließlich in der Klasse vor.

# Figuren Leben einhauchen

*Diese Zeichnung ist über 100 Jahre alt, aber bis auf die Bademode hat sich nicht viel geändert.*

akg-images

*Heinrich Zille: Berliner Strandleben (1912)*



**Aufgabe**

1. Ergänze die Denk- und Sprechblasen auf dieser und der nächsten Seite wie bei einem Comic.

*Fortsetzung auf Seite 67*

*Fortsetzung von Seite 66*

## Figuren Leben einhauchen

**Aufgaben**

2. Wähle eine Figur aus Aufgabe 1 aus und erfinde Angaben zu ihrem Leben. Fülle nur die Zeilen aus, die zu deiner Figur passen und ergänze selbst drei weitere Angaben.

Name: ______________________________

Alter: ______________________________

Beruf/Schule/Kindergarten: ______________________________

Familienstand: ______________________________

Geschwister: ______________________________

______________: ______________________________

______________________________

______________: ______________________________

______________________________

______________: ______________________________

______________________________

3. Schildere aus der Sicht der Figur aus Aufgabe 2 den Tag am See. Schreibe in dein Heft.

4. Lest euch gegenseitig eure Texte vor. Versucht herauszufinden, welche Figur eure Mitschüler schildern.

# Zu Bildern szenisch spielen und erzählen

*Sicher kennst du Wilhelm Buschs Geschichte von Max und Moritz. Hier kannst du ausgehend von den Bildern kleine Szenen spielen und das Geschehen aus der Perspektive einer weiteren Figur erzählen.*

Fortsetzung auf Seite 69

Fortsetzung von Seite 68

## Zu Bildern szenisch spielen und erzählen

CV Archiv



**Aufgaben**

1. Spielt die beiden folgenden Szenen:
   - Herr Böck beschwert sich nach seinem Sturz ins Wasser bei den Eltern von Max.
   - Max und Moritz prahlen mit ihrem Streich vor ihren Schulkameraden.

   **Tipp:** Ihr könnt die Szenen spontan spielen. Ihr könnt die Szenen aber auch vorbereiten, indem ihr zuerst Dialoge zwischen den Figuren entwerft und eure Texte lernt.

2. Die neugierige Nachbarin Bolte hat mit ihrem Fernglas alles beobachtet und meldet den Vorfall der Polizei. Schildere das Geschehen aus der Sicht der Witwe Bolte. Schreibe in dein Heft.

# Gegenstände erzählen Geschichten

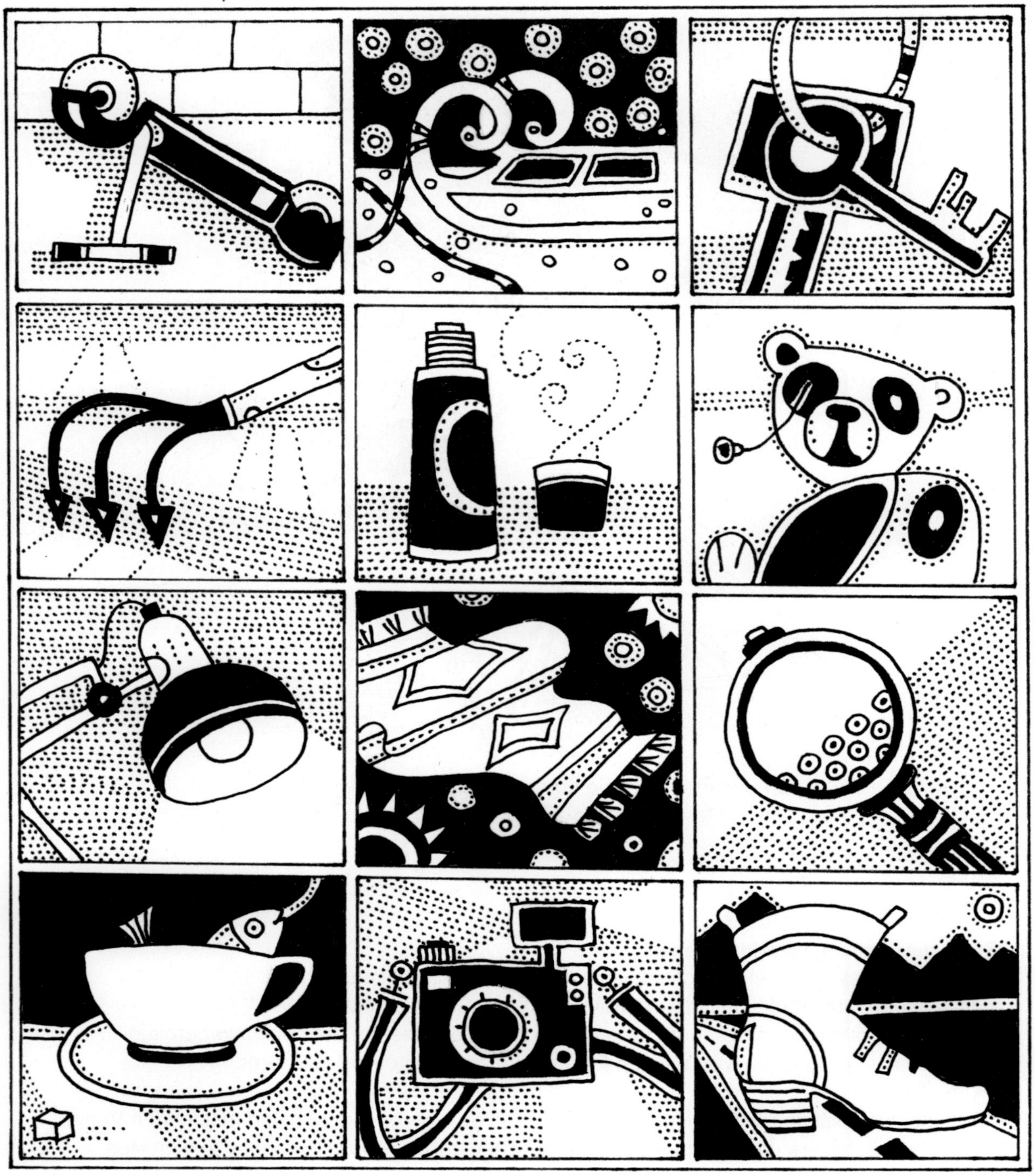



**Aufgaben**

1. Da Gegenstände nicht sprechen können, weiß niemand, was sie schon alles gesehen und erlebt haben. Suche dir einen Gegenstand aus und erfinde eine Geschichte.
   **Tipp:** Erzähle aus der Perspektive deines Gegenstandes in der Ich-Form.

2. Sammelt eure Geschichten für eine Ausstellung. Ihr könnt zu euren Gegenständen auch Fotocollagen, Bilder u. a. ergänzen.

# Nach einem Bildimpuls erzählen

*Edward Hopper: Nachtschwärmer*



**Aufgaben**

1. Lasse dich von dem Bild zu einer Geschichte anregen.
   Wähle dafür eine der drei folgenden Ausgangsideen.

**A** Du schaust durch den Bilderrahmen wie durch ein Fenster und erzählst eine Geschichte, die zu dem Dargestellten passt.

**B** Du bringst die stillstehende Zeit zum Laufen, lässt die Figuren sich bewegen, sie reden, sie nachdenken.

**C** Dir ergeht es wie im Traum. Du schaust in das Bild und erlebst Wundersames.

2. Überarbeitet eure Texte in einer Schreibkonferenz.
   Orientiert euch dabei am UWE-Test.

## UWE-Test

- Sollte sich die Reihenfolge der Handlungsschritte ändern (**U**mstellprobe)?
- Kann Überflüssiges gestrichen werden (**W**eglassprobe)?
- Müsste etwas ergänzt oder genauer dargestellt werden (**E**rweiterungsprobe)?

# Einen Schluss formulieren, die Erzählperspektive ändern

*Bertolt Brecht*
**Der hilflose Knabe**

Herr K. sprach über die Unart, erlittenes Unrecht stillschweigend in sich hineinzufressen, und erzählte folgende Geschichte: „Einen vor sich hin weinenden Jungen fragte ein Vorübergehender nach dem Grund seines Kummers. „Ich hatte zwei Groschen für das Kino beisammen", sagte der Knabe, „da kam ein Junge und riß mir einen aus der Hand", und er zeigte auf einen Jungen, der in einiger Entfernung zu sehen war. „Hast du denn nicht um Hilfe geschrien?" fragte der Mann. „Doch", sagte der Junge und schluchzte ein wenig stärker. „Hat dich niemand gehört?" fragte ihn der Mann weiter, ihn liebevoll streichelnd. „Nein", schluchzte der Junge. „Kannst du denn nicht lauter schreien?" fragte der Mann. „Nein", sagte der Junge und blickte ihn mit neuer Hoffnung an. Denn der Mann lächelte. [...]

R

*Brecht, Bertolt: Der hilflose Knabe. Aus: Ders.: Geschichten vom Herrn Keuner. Suhrkamp Verlag, Frankfurt a. M. 1971.*

**Aufgaben**

1. Schreibe den Schluss des Textes.

2. Vergleiche deinen Schluss mit dem auf den Kopf gestellten Original und formuliere die Lehre, die der Text erteilt.

„Dann gib auch den her", sagte er, nahm ihm den letzten Groschen aus der Hand und ging unbekümmert weiter.

Lehre:

3. Erzähle die Geschichte in deinem Heft ganz anders, indem du Täter und Opfer vertauschst. Schreibe den Vorfall aus der Ich-Perspektive des Mannes. Gehe so vor:
   - Erfinde eine Vorgeschichte, die den Diebstahl erklärt.
   - Schreibe besonders genau, wie die Figur denkt und fühlt.

4. Vergleicht eure Geschichten und besprecht, ob sie auch eine Lehre enthalten.

# Einen Paralleltext schreiben

*Bertolt Brecht*
**Herrn K.s Lieblingstier**

Als Herr K. gefragt wurde, welches Tier er vor allen schätze, nannte er den Elefanten und begründete dies so: Der Elefant vereint List mit Stärke. Das ist nicht die kümmerliche List, die ausreicht, einer Nachstellung zu entgehen oder ein Essen zu ergattern, indem man nicht auffällt, sondern die List, welcher die Stärke für große Unternehmungen zur Verfügung steht. Wo dieses Tier war, führt eine breite Spur. Dennoch ist es gutmütig, es versteht Spaß. Es ist ein guter Freund, wie es ein guter Feind ist. Sehr groß und schwer, ist es doch auch sehr schnell. Sein Rüssel führt einem enormen Körper auch die kleinsten Speisen zu, auch Nüsse. Seine Ohren sind verstellbar: Er hört nur, was ihm paßt. Er wird auch sehr alt. Er ist auch gesellig, und dies nicht nur zu Elefanten. Überall ist er sowohl beliebt als auch gefürchtet. Eine gewisse Komik macht es möglich, daß er sogar verehrt werden kann. Er hat eine dicke Haut, darin zerbrechen die Messer; aber sein Gemüt ist zart. Er kann traurig werden. Er kann zornig werden. Er tanzt gern. Er stirbt im Dickicht. Er liebt Kinder und andere kleine Tiere. Er ist grau und fällt nur durch seine Masse auf. Er ist nicht eßbar. Er kann gut arbeiten. Er trinkt gern und wird fröhlich. Er tut etwas für die Kunst: Er liefert Elfenbein.

R

*Brecht, Bertolt: Herrn K.s Lieblingstier. Aus: Ders.: Geschichten vom Herrn Keuner. Suhrkamp Verlag, Frankfurt a. M. 1971.*

**Aufgaben**

1. Unterstreiche in dem Text alle Eigenschaften, die Herr K. an einem Elefanten schätzt. Übertrage diese Eigenschaften anschließend auf Herrn K. Wie sieht er sich selbst gerne? Schreibe einen kurzen Steckbrief über das Wunschbild, das Herr K. von sich hat.

Herr K. wäre gerne … ______________________________

2. Notiere Eigenschaften, die dir wichtig sind:

3. Orientiere dich an „Herrn K.s Lieblingstier“ und schreibe in deinem Heft einen Text über dein Lieblingstier. Achte darauf, dass das Tier die Eigenschaften besitzt, die du schätzt.

# Einen Text ergänzen und frei interpretieren

*Bertolt Brecht*
**Das Wiedersehen**

Ein Mann, der Herrn K. lange nicht gesehen hatte, begrüßte ihn mit den Worten: „Sie haben sich gar nicht verändert." „__________", sagte Herr K. und __________ __________.

R

*Brecht, Bertolt: Das Wiedersehen. Aus: Ders.: Geschichten vom Herrn Keuner. Suhrkamp Verlag, Frankfurt a. M. 1971.*

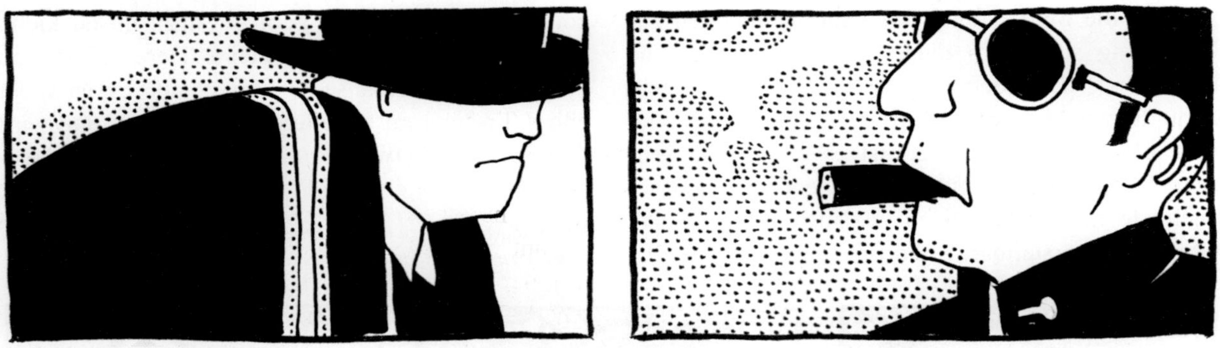



**Aufgaben**

1. Notiere verschiedene Möglichkeiten, den Text auszufüllen.

Möglichkeit 1: __________

Möglichkeit 2: __________

Möglichkeit 3: __________

2. Wähle aus Aufgabe 1 die Variante, die dich am meisten überzeugt. Trage diese Variante in den Lückentext oben ein und erkläre kurz, warum sie dich überzeugt.

__________

__________

__________

3. Vergleiche deinen Text mit dem auf den Kopf gestellten Original und gib eine mögliche Erklärung für Herrn K.s Reaktion.

Ein Mann, der Herrn K. lange nicht gesehen hatte, begrüßte ihn mit den Worten: „Sie haben sich gar nicht verändert." „Oh", sagte Herr K. und erbleichte.

__________

__________

__________

__________



Fortsetzung auf Seite 75

**Aufgaben**

4. Wolfgang Herrndorfs Roman „Tschick“ handelt von zwei jugendlichen Außenseitern, die zu Freunden werden. Der eine, der Russe „Tschick“, interpretiert in einer Deutsch-Hausaufgabe Brechts „Das Wiedersehen“ so:

*Wolfgang Herrndorf*
**Tschick**

Interpretation der Geschichte von Herrn K. Die erste Frage, die man hat, wenn man Brechts Geschichte liest, ist logisch, wer sich hinter dem rätselhaften Buchstaben K. versteckt. Ohne viel Übertreibung kann man wohl sagen, dass es ein Mann ist, der das Licht der Öffentlichkeit scheut. Er versteckt sich hinter einem Buchstaben, und zwar dem Buchstaben K. Das ist der elfte Buchstabe vom Alphabet. Warum versteckt er sich? Tatsächlich ist Herr K. beruflich Waffenschieber. Mit anderen dunklen Gestalten zusammen (Herrn L. und Herrn F.) hat er eine Verbrecherorganisation gegründet, für die die Genfer Konvention nur einen traurigen Witz darstellt. Er hat Panzer und Flugzeuge verkauft und Milliarden gemacht und macht sich längst nicht mehr die Finger schmutzig. Lieber kreuzt er auf seiner Yacht im Mittelmeer, wo die CIA auf ihn kam. Daraufhin floh Herr K. nach Südamerika und ließ sein Gesicht bei dem berühmten Doktor M. chirurgisch verändern und ist nun verblüfft, dass ihn einer auf der Straße erkennt: Er erbleicht. Es versteht sich von selbst, dass der Mann, der ihn auf der Straße erkannt hat, genauso wie der Gesichtschirurg wenig später mit einem Betonklotz an den Füßen in unheimlich tiefem Wasser stand. Fertig.

*Herrndorf, Wolfgang: Tschick. Rowohlt Verlag, Reinbek bei Hamburg 2010.*

a) Wie gefällt dir der Text? Begründe deine Meinung in wenigen Sätzen.

5. Schreibe mit Hilfe des Titels und des Bildes eine Keuner-Geschichte. Verwende in deiner Geschichte das Wort „Gerechtigkeit“.

*Bertolt Brecht*
**Herr K. in einer fremden Behausung**

Gerechtigkeit

6. Lasse dich von Tschicks sehr freiem Umgang mit Brechts Vorlage anregen und schreibe entweder zu deiner Geschichte oder zu einer der anderen Keuner-Geschichten auf den Seiten 72 bis 78 eine ähnlich verwegene Deutung. Arbeite in deinem Heft.

# Drei Geschichten weiterschreiben

*Bertolt Brecht*
**Zwei Städte**

Herr K. zog die Stadt B der Stadt A vor. „In der Stadt A", sagte er, „liebt man mich; aber in der Stadt B war man zu mir freundlich. In der Stadt A machte man sich mir nützlich; aber in der Stadt B brauchte man mich. In der Stadt A bat man mich an den Tisch, aber in der Stadt B bat man mich in die Küche." R

*Brecht, Bertolt: Zwei Städte. Aus: Ders.: Geschichten vom Herrn Keuner. Suhrkamp Verlag, Frankfurt a. M. 1971.*

**Aufgaben**

1. Notiere weitere Gründe dafür, warum Herr K. die Stadt B der Stadt A vorzieht.

________________________________________

________________________________________

________________________________________

________________________________________

*Bertolt Brecht*
**Wogegen Herr Keuner war**

Herr Keuner war nicht für Abschiednehmen, nicht für Begrüßen, nicht für Jahrestage, nicht für Feste, nicht für das Beenden einer Arbeit, nicht für das Beginnen eines neuen Lebensabschnittes, nicht für Abrechnungen, nicht für Rache, nicht für abschließende Urteile [...] R

*Brecht, Bertolt: Wogegen Herr Keuner war. Aus: Ders.: Geschichten vom Herrn Keuner. Suhrkamp Verlag, Frankfurt a. M. 1971.*



2. Verlängere Herrn Keuners Liste.

________________________________________

________________________________________

________________________________________

________________________________________

*Bertolt Brecht*
**Vom jungen Keuner**

Jemand erzählte vom jungen Keuner, er habe ihn einem Mädchen, das ihm sehr gefiel, eines Morgens sagen hören: „Ich habe heute nacht von Ihnen geträumt. Sie waren sehr [...]." R

*Brecht, Bertolt: Vom jungen Keuner. Aus: Ders.: Geschichten vom Herrn Keuner. Suhrkamp Verlag, Frankfurt a. M. 1971.*

3. Beende den Traum mit einem Adjektiv, das zu Herrn Keuner, der auch der Denkende genannt wird, passt. Vergleiche deine Wahl mit dem Original im Lösungsteil.

________________________________________

# Zu einem Textimpuls erzählen

*Bertolt Brecht*
**Maßnahmen gegen die Gewalt**

Als Herr Keuner, der Denkende, sich in einem Saale vor vielen gegen die Gewalt aussprach, merkte er, wie die Leute vor ihm zurückwichen und weggingen. Er blickte sich um und sah hinter sich stehen – die Gewalt. „Was sagtest du?“ fragte ihn die Gewalt. „Ich sprach mich für die Gewalt aus“, antwortete Herr Keuner. Als Herr Keuner weggegangen war, fragten ihn seine Schüler nach seinem Rückgrat. Herr Keuner antwortete: „Ich habe kein Rückgrat zum Zerschlagen. Gerade ich muß länger leben als die Gewalt.“
Und Herr Keuner erzählte folgende Geschichte:
In die Wohnung des Herrn Egge, der gelernt hatte, nein zu sagen, kam eines Tages in der Zeit der Illegalität ein Agent, der zeigte einen Schein vor, welcher ausgestellt war im Namen derer, die die Stadt beherrschten, und auf dem stand, daß ihm gehören solle jede Wohnung, in die er seinen Fuß setzte; ebenso sollte ihm auch jedes Essen gehören, das er verlange; ebenso sollte ihm auch jeder Mann dienen, den er sähe. Der Agent setzte sich in einen Stuhl, verlangte Essen, wusch sich, legte sich nieder und fragte mit dem Gesicht zur Wand vor dem Einschlafen: „Wirst du mir dienen?“
Herr Egge deckte ihn mit einer Decke zu, vertrieb die Fliegen, bewachte seinen Schlaf, und wie an diesem Tage gehorchte er ihm sieben Jahre lang. Aber was immer er für ihn tat, eines zu tun hütete er sich wohl: das war, ein Wort zu sagen. Als nun die sieben Jahre herum waren und der Agent dick geworden war vom vielen Essen, Schlafen und Befehlen, starb der Agent. Da wickelte ihn Herr Egge in die verdorbene Decke, schleifte ihn aus dem Haus, wusch das Lager, tünchte die Wände, atmete auf und antwortete: „Nein.“

R

*Brecht, Bertolt: Maßnahmen gegen die Gewalt.*
*Aus: Ders.: Geschichten vom Herrn Keuner.*
*Suhrkamp Verlag, Frankfurt a. M. 1971.*

**Aufgaben**

1. Erkläre Keuners Fazit „Ich habe kein Rückgrat zum Zerschlagen. Gerade ich muss länger leben als die Gewalt“.

2. Diskutiert in der Klasse, ob ihr Keuners Einstellung teilt.

3. Schreibe eine eigene Geschichte zum selben Thema. Lasse dich von Brechts Geschichte lediglich anregen. Arbeite in deinem Heft.

# Einen Erzählkern ausgestalten

**Aufgaben**

1. Lies die drei Geschichten und schildere deinen Eindruck

*Bertolt Brecht*
**Wenn Herr K. einen Menschen liebte**

„Was tun Sie", wurde Herr K. gefragt, „wenn Sie einen Menschen lieben?" „Ich mache einen Entwurf von ihm", sagte Herr K., „und sorge, daß er ihm ähnlich wird." „Wer? Der Entwurf?" „Nein", sagte Herr K., „Der Mensch." R

*Brecht, Bertolt: Wenn Herr K. einen Menschen liebte. Aus: Ders.: Geschichten vom Herrn Keuner. Suhrkamp Verlag, Frankfurt a. M. 1971.*

*Bertolt Brecht*
**Erfolg**

Herr K. sah eine Schauspielerin vorbeigehen und sagte: „Sie ist schön." Sein Begleiter sagte: „Sie hat neulich Erfolg gehabt, weil sie schön ist." Herr K. ärgerte sich und sagte: „Sie ist schön, weil sie Erfolg gehabt hat." R

*Brecht, Bertolt: Erfolg. Aus: Ders.: Geschichten vom Herrn Keuner. Suhrkamp Verlag, Frankfurt a. M. 1971.*



*Bertolt Brecht*
**Herr Keuner und die Flut**

Herr Keuner ging durch ein Tal, als er plötzlich bemerkte, daß seine Füße in Wasser gingen. Da erkannte er, daß sein Tal in Wirklichkeit ein Meeresarm war und daß die Zeit der Flut herannahte. Er blieb sofort stehen, um sich nach einem Kahn umzusehen, und solange er auf einen Kahn hoffte, blieb er stehen. Als aber kein Kahn in Sicht kam, gab er diese Hoffnung auf und hoffte, daß das Wasser nicht mehr steigen möchte. Erst als ihm das Wasser bis ans Kinn ging, gab er auch diese Hoffnung auf und schwamm. Er hatte erkannt, daß er selber ein Kahn war. R

*Brecht, Bertolt: Herr Keuner und die Flut. Aus: Ders.: Geschichten vom Herrn Keuner. Suhrkamp Verlag, Frankfurt a. M. 1971.*

2. Entscheide dich für eine der drei Geschichten und gestalte sie aus.
   Beachte dazu folgende Erzähltipps.

## Checkliste: Einen Erzählkern ausgestalten

- Ist die Geschichte in Einleitung, Hauptteil und Schluss gegliedert?
- Ist der Höhepunkt besonders lebendig ausgestaltet?
- Hast du spannend und anschaulich erzählt? Achte auf:
  - aussagekräftige Verben (z. B. *schreien* statt *sagen*), Adjektive (z. B. *hundeelend* statt *schlecht*) und bildhafte Vergleiche (z. B. *ich war wie gelähmt*),
  - Gedanken und Gefühle der Figuren,
  - wörtliche Rede,
  - Sinneseindrücke: Geräusche, Gerüche, Farben.
- Sind Rechtschreibung und Zeichensetzung (z. B. bei der wörtlichen Rede) korrekt?

# Lösungen

**Seiten 6 bis 8**
**Mit Erzählbausteinen schreiben**

**zu 1:**

1. Ausgangssituation
2. Ein Problem oder mehrere Probleme tauchen auf und führen dazu, …
3. … dass die Hauptfigur in einem oder mehreren Anläufen (= Ereigniskette) versucht, diese zu lösen.
4. Am Ende zeigt sich der Erfolg oder Misserfolg der Hauptfigur.

**zu 2:**

Zeilen 1 bis 14: Ausgangssituation
Zeilen 15 bis 29: ein Problem taucht auf
Zeilen 30 bis 61: Ereigniskette
Zeilen 62 bis Ende: Erfolg der Hauptfigur

**Seite 28 und 29**
**Anfang, Mittelteil und Schluss von Märchen ergänzen**

**zu 1:**

**Volksmärchen**

Ein Volksmärchen ist eine kürzere **Erzählung**, die von Magischem und Übernatürlichem handelt und deren Verfasser unbekannt ist. Besonders für die weltberühmten *Kinder- und Hausmärchen* (ab 1812), die die Brüder Grimm gesammelt und niedergeschrieben haben, sind folgende Merkmale typisch, die gleichwohl nicht für alle Märchen gelten:

- das dreigliedrige **Handlungsschema** (Notsituation – Bewährung – Erlösung)
- **Figuren,** die sozial (König – armer Müller), moralisch (gut – böse) und körperlich (schön – hässlich) Gegensätze bilden.
- fantastische **Zauberwesen** (Riesen, Zwerge, Hexen) und Ereignisse
- eine optimistische **Moral,** wonach das Gute reichlich belohnt und das Böse hart bestraft wird
- ein raffiniert schlichter Stil mit festen sprachlichen Formeln am Anfang *(Es war einmal ...)* und am Ende *(Und wenn sie nicht gestorben sind ...)* sowie die **Symbolik** magischer Zahlen (besonders drei und sieben)



**zu 2:**

**Der süße Brei**

Es war einmal ein armes, frommes Mädchen, das lebte mit seiner Mutter allein, und sie hatten nichts mehr zu essen. Da ging das Kind hinaus in den Wald, und begegnete ihm da eine alte Frau, die wusste seinen Jammer schon und schenkte ihm ein Töpfchen, zu dem sollt es sagen: „Töpfchen, koche“, so kochte es guten, süßen Hirsebrei, und wenn es sagte: „Töpfchen, steh“, so hörte es wieder auf zu kochen. […]

**Der Fuchs und die Gänse**

[…]

Endlich nahm sich eine das Herz und sagte: „Sollen wir armen Gänse doch einmal unser jung frisch Leben lassen, so erzeige uns die einzige Gnade und erlaub uns noch ein Gebet, damit wir nicht in unsern Sünden sterben: hernach wollen wir uns auch in eine Reihe stellen, damit du dir immer die Fetteste aussuchen kannst.“ „Ja“, sagte der Fuchs, „das ist billig, und ist eine fromme Bitte: betet, ich will so lange warten.“ Also fing die Erste ein recht langes Gebet an, immer „ga! ga!“ und weil sie gar nicht aufhören wollte, wartete die Zweite nicht, bis die Reihe an sie kam, sondern fing auch an „ga! ga!“ Die Dritte und Vierte folgte ihr, und bald gackerten sie alle zusammen.

[…]

**Der Bauer und der Teufel**

[…]

„Damit aber kein Streit bei der Teilung entsteht“, sprach es, „so soll dir gehören, was über der Erde ist, und mir, was unter der Erde ist.“ Dem Teufel gefiel das wohl, aber das listige Bäuerlein hatte Rüben gesät. Als nun die Zeit der Ernte kam, so erschien der Teufel und wollte seine Frucht holen, er fand aber nichts als die gelben welken Blätter, und das Bäuerlein, ganz vergnügt, grub seine Rüben aus. „Einmal hast du den Vorteil gehabt“, sprach der Teufel, „aber für das nächste Mal soll das nicht gelten. Dein ist, was über der Erde wächst, und mein, was darunter ist.“ „Mir auch recht“, antwortete das Bäuerlein. Als aber die Zeit zur Aussaat kam, säte das Bäuerlein nicht wieder Rüben, sondern Weizen. Die Frucht ward reif, das Bäuerlein ging auf den Acker und schnitt die vollen Halme bis zur Erde ab. Als der Teufel kam, fand er nichts als die Stoppeln und fuhr wütend in eine Felsenschlucht hinab. „So muss man die Füchse prellen“, sprach das Bäuerlein, ging hin und holte sich den Schatz.


*Fortsetzung auf Seite 80*

**Seite 37**
**Ein Märchen als Lügengeschichte erzählen**

- Eine Lügengeschichte enthält Ereignisse, die niemals stattfinden könnten, und Ereignisse, die eindeutig erfunden sind.
- Es handelt sich um einen Ich-Erzähler.
- Der Erzähler vermittelt den Eindruck, dass er die Geschichte selbst erlebt hat.
- Der Erzähler wirkt selbstbewusst und angeberisch.
- Häufig benutzt der Erzähler Übertreibungen.
- Um seine Lügen glaubhaft zu machen, beschreibt der Erzähler Einzelheiten wie Ort, Zeit, genaue Umstände.
- Die Geschichte klingt wie ein mündlich erzähltes Abenteuer.

**Seite 57**
**Fantastische Geschichten ergänzen und erzählen**

**zu 3:**
**Wolfgang Bächler: Stadtbesetzung**
Schwarze Wälder belagern die Stadt, haben sie lautlos umzingelt. Längst haben sie Vorposten an die Einfallstraßen gestellt. Spähtrupps, Vorhuten, Fünfte Kolonnen bis in den Stadtkern geschickt. Jetzt dringen sie nachts in die Vororte ein, schlagen sie Breschen in Villenviertel, stoßen an die Ufer des Flusses, die Böschungen der Kanäle vor und säumen alle Gewässer ein.
Pappelkolonnen sperren die Straßen ab, gliedern die Alleebäume ein, schließen zu dichteren Reihen auf, marschieren im Gleichschritt weiter. Tannen und Eschen befreien Gefangene in den Gärten und Parks, Friedhöfen und Hinterhöfen. Eichen und Buchen besetzen die Kreuzungen, Knotenpunkte, die großen Plätze, verbrüdern, verschwistern sich mit den Ulmen, Linden, Kastanienbäumen, sprengen die Ketten parkender Autos, drängen die Baumaschinen, Bauzäune, Grundmauern, Gerüste, Geländer zurück, schlagen Wurzeln in Gruben und Gräben.
Fichten umstellen die Amtsgebäude, das Rathaus, den Rundfunk, den Bahnhof, die Polizeiinspektionen, Gerichte, Gefängnis, das Arbeits- und das Finanzamt. Die Pappelfront hat die Kaserne erreicht, verteilt sich um die Gebäude. Ahornbäume füllen die Lücken, schreiten durchs Tor in den Hof. Machtlos klettern die Wachen mit ihren Gewehren die Äste hinauf in die Kronen, sehen vor lauter Bäumen die Stadt nicht mehr.
Geräuschlos, kampflos, ohne Verluste, haben die Wälder die Stadt besetzt, erobern sie Heimatboden zurück, besiegen sie Steine, Stahl und Beton, verdrängen Verdrängte ihre Verdränger.

**Seite 76**
**Drei Geschichten weiterschreiben**

**zu 3:**
Das letzte Wort des Originaltextes lautet: „vernünftig“.